인간관계 해법

살며 사랑하며 2

전설 지음

도서출판
디자인21

인간관계 해법

살며 사랑하며

2

전설 지음

머리말

살며 사랑하며2 인간관계 해법은 1편에 이어 역시 인생을 살아가면서 겪게 되는 다양한 경험담을 솔직한 필체로 풀어낸 가벼운 글이라고 이해하면 될 것 같다. 여행지에서 만난 사람이든, 아니면 공연장에서 느낀 감흥이든 그때그때 경험한 일들에 관한 생각들을 조용히 풀어냄으로써 현대사회를 살아가는 사람들에게 작은 힐링을 주고자 함이 가장 큰 목적이다. 물론 지극히 개인적인 일상이라 때론 공감대가 형성되지 않을 수도 있다. 나 역시 그러한 부분에 대해 충분히 공감하면서도 다만 조금은 더 다양한 경험과 조금은 더 다른 색깔로 세상을 그려내고 싶은 나의 마음을 글로 표현해서 보다 많은 사람에게 이렇게 다른 각도와 시선으로 세상을 바라보면서 그 과정을 통해 긍정적인 마인드로 살아갈 수 있음을 보여주고 싶은 것이 가장 큰 목표임을 다시 한번 말해주고 싶다.

누구나 인생을 살아가면서 아픔이나 고통이 있다. 언젠가 두 번째 만난 후배가 형은 늘 남의 얘기를 들어주고 걱정해주고 고심을 함께 하는데, 만약 형이 힘들면 누가 위로해주냐는 말에 갑자기 눈물이 또로롱 맺힌 적이 있다. 그러고 보니 내가 위로를 받을 곳은 어디에도 없음을 깨닫게 되었다. 그래서, 난 여행이나 나보다 미리 인생을 산 분들의 경험담을 글로 읽으면서 또 힘을 얻고 하루하루 살아간다는 말을 하면서 윤복희 님의 여러분을 가장 좋아한다고 얼버무린 적이 있다.

현대를 살아가면서 다 누군가로부터 인정받고 싶고 위로받고 싶고 때로는 나의 멋짐을 과시하고 싶은 마음이 있다. 일명 관종이라는 말로 이를 대변할 수 있는데 워낙 소통을 좋아하다 보니 나 역시도 그러한 굴레에서 때로는 허우적거리는 것이 아닌가 염려스러울 때가 있다. 어쩌면 루키즘에 입각하여 보이는 삶에 더 많이 치중을 하다 보니 외출을 할 때도 늘 외모에 신경을 쓰게 되고 나름 화려한 장신구로 나를 치장하며 겉보기에 몰두하는듯한 삶에 심취하게 되는데 어제는 우연히 동네 동생들과 가볍게 치맥을 하는 자리에 머리도 단장하지 않고 모자를 눌러쓴 채, 신발도 그냥 슬리퍼를 끌고 외출을 했는데 세상 그렇게 편할 수가 없었다. 모든 것을 내려놓고 오롯이 그냥 편안함만으로 지냈을 때 힐링이 됨을 알 수 있었다. 내가 추구하고자 하는 바도 이러한 자연스러움과 편안함일 것이다. 가끔은 모든 세상의 눈을 의식하지 않고 그냥 자유롭게 나만의 자유를 만끽하는 그러한 기분! 그리고 그러한 기분을 느낄 수 있음에 내가 쓴 졸작이 감히 도움이 되면 좋겠다는 바람을 가져본다. 굳이 거창한 인간관계 해법이 아니라 그냥 편안하게 차 한 잔 마시고, 거창한 안주 없이도 치맥을 통해 서로의 안부를 묻고 하루의 힘든 일상에 어깨를 토닥토닥 두드리며 아무런 말을 하지 않고도 서로를 이해하는 그러한 사이가 진정 내가 추구하는 인간관계 해법이 아닌가 생각을 해본다.

차례

I.

청춘은 여행이다

성시경의 콘서트 '축가'를 다녀오다

사실 난 연예인을 특별하게 좋아하거나 추앙하는 마니아는 절대 아니다. 그냥 노래 나오면 듣고 드라마 시간되면 보는 정도에 불과하다. 아마 나에 대한 지나친 자신감과 사랑으로 그닥 이러한 연예계쪽에 관심이 없는지도 모른다. 그런데도, 코로나 중에도 콘서트나 뮤지컬을 보러 다닌 이유는 아마도 사람들과의 교감을 위해서라고 생각한다. 이번에도 전혀 예상치 못했던 성시경 콘서트 축가 티켓을 준비했다는 지인의 말을 듣고 처음에는 그러려니 생각했다.

그리고 따지고 보면 유방암 3기 표적항암 치료를 하는 아내를 놔두고 공연을 다니는 게 정상은 아닌 듯 보이지만, 그렇다고 24시간 곁을 지키면서 내가 할 수 있는 일도 없다. 아침 4-5시에 기상해서 밥을 짓는 것부터 시작해서 집안 청소 및 산더미 같은 빨래하기. 울집 두 아들 엉아것 치우기 등등 이 많은 일을 끝내고 나면 온몸이 쑤시기 시작한다. 사실 아내가 암에 걸리면서 내 삶은 너무나 많이 바뀌었다. 병원에서 항암치료를 받으면 일일이 따라다니면서 캐어해야 하고 표적항암 치료 후 집에 돌아오면 고통에 비명을 지르고 짜증 내는 아내의 모든 투정을 받아줘야 한다. 내 몸에 사리가 생기는 기분이다. 나 잘난 줄 알고 살아왔는데 아내의 투병에는 당해낼 재간이 없다. 그저 운명이자 숙명으로 받아들이며 하루하루 살기로 마음먹었다. 그러면서 오히려 더 힘을 내리라 다짐하게 된다. 왜냐하면, 이렇게 간병하다가 어느 날 오히려 내가 지쳐 먼저 죽을지도 모른다는 생각이 들었다. 그래서 내가 고안해 낸 전략은 병 간호를 하긴 하되 나도 나름의 자구책을 간구해야 했고 그래서 시간 나는 대로 나만의 힐링을 즐기고자 노력한다. 환자 보호자가 강인해야 환자도 잘 돌볼 수 있기 때문이다. 아내는 그전에도 그랬지만 50대이지만 늘 나한테 아기처럼 응석을 부리며 의지를 한다. 어느 순간, 이러다가 내가 죽고 나면 어떡하지라는 걱정도 들었다. 그래서 요즘은 가능하면 조금 거리를 두면서 본인 스스로 뭔가를 하도록 부탁을 한다. 예전에는 1부터 100까지 모든 부탁을 다 들어줬다면 요즘은 왠만한 것은 스스로 움직여서 하도록 종용한다. 서운해하지만 어쩔 수 없다. 언젠가도 사실 항암치료를 하기 전 머리카락이 빠질지도 모른다며 미리 가발을 해야 한다고 따라가자고 했다. 사실 암이라는 것도 믿기지 않는 현실인데 이를 직접 체감하는 드라마에서 나올법한 머리카락을 자른다는 것이 나로서는 너무나 큰 고통이었다. 왠만 하면 이러한 경험을 하고 싶지 않았다. 하지만, 보채는 아내를 따라 TV에서 이덕화 씨가 광고하는 그 업체에 찾아갔다. 가발이 무려 150만 원 가까이 했다. 나도 최근에 머리카락이 빠져 가발을 할까 고심했는데, 아내가 이번에 가발을 한다고 하길래 나도 장난삼아 여자 가발을 비롯하여 남자 가발을 써보며 애써 눈물을 감추고자 노력했다. 어느새 아내는 머리카락을 다 자르고 마치 스님처럼 나에게 나타났다. 일부러 고개를 돌리고 말았다. 아들 군대 갈 때 머리카락 자르는 것은 많이 봤지만 아내가 항암치료 한다고 미리 머리카락 자르는 데 따라와서 눈물을 흘리는 것은 참 색다른 경험이라고 생각한다. 일부러 여장 가발을 하며 아내의 우울한 마음을 달래주고자 노력했다. 나의 우울한 기분을 눈치챘는지 아내 역시 오히려 더 환한 미소를 지으며 항암에 대한 강한 의지를 보였다.

다시 되돌아와서 얘기하자면 그렇게 해서 이번 공연도 아내가 스트레스도 풀 겸 다녀오라고 종용했다. 내가 다시 기분이 업되어야지만 자기 병간호도 잘 할 수 있음을 너무 잘알기 때문인듯 싶다. 하지만, 아내를 장모님과 집에 남겨두고 공연을 가기가 그리 쉬운 결정은 아니었지만 이를 준비한 지인의 배려를 생각해 힘겹게 발걸음을 돌렸다. 사실 어디서 콘서트가 열리는지도 모른 채 당연히 올림픽공원 체조 경기장이려니 생각했다. 그래서 오전 현근이네 집에 다녀온 후 아무 생각도 없이 무작정 올공으로 향했다. 나중에 알고 보니 올림픽 보조경기장 즉 잠실종합운동장 야구장 안쪽 특설무대에서 무려 1만 명을 모시고 축가 콘서트가 열린다는 것을 알고 부랴부랴 다시 주차한 차를 빼고 달려갔다. 하지만, 이미 운집된 차량들로 도저히 주차할 수 없어서 인근 지인네 아파트에 버리다시피 주차하고서 부리나케 달려갔다. 코로나가 정말 끝나긴 끝났나 보다. 이렇게 많이 운집된 인원을 최근에 본 적이 없다. 마스크를 착용한 사람들, 그렇지 않은 사람들 아무튼 각자의 취향과 개성과 안전민감도에 따라 각양각색의 사람들이 마치 출애굽을 연상시키는 탈출 행렬처럼 한없이 한쪽으로 들어갔다. 거의 20분 가까이 들어가니 야외무대가 준비되어 있었다. 지정된 자리에 앉아 마냥 정처없이 공연이 시작되기를 기다리는데 과연 내가 왜 여기 있는지 처음에는 의아스럽기까지 했다. 이렇게 에너지 소모를 하면서까지 이렇게 많은 사람들 틈바구니에서 공연을 관람하는 것이 도대체 무슨 의의가 있는지 현타가 오기 시작했다.

사실 이번에 9회를 맞는 성시경 콘서트 축가는 코로나로 인해 2번을 쉬고 이번에 재개하는 것이다. 처음에는 10번만 하고 콘서트를 하지 않겠다고 다짐했다는데 이번 코로나를 겪으면서 앞으로 더 건강하고 활기차게 생을 영위해서 계속 콘서트를 이어가겠다고 다짐을 했다. 성시경 하면 떠오르는 이미지는 버터왕자였는데 최근 방송을 통해 요리에서 보여주는 진솔한 면으로 인해 상당히 가깝게 느껴졌다. 나이는 나보다 한참 어리지만 공연을 보면서 나이와는 상관없는 뭔가 멋진 카리스마가 뿜뿜 느껴졌고 이렇게 성시경이 멋진 연예인이었나 싶을 정도로 연기는 물론 춤에 노래까지 정말 팔색조의 느낌이 들었다. 그리고 이틀 연이어 진행된 공연에 지칠 법도 한데 전혀 그러한 내색하지 않고 최선을 다하는 성시경의 모습에 진한 감동받았다. 이렇게 성시경이 멋진 친구였음을 다시 확인하게 되었다.

공연이 시작되기 전에는 사실 성시경이랑 절친인 PSY의 공연을 행여 볼 수 있으면 행운이라는 말을 주변에 많이 남겼다. 그런데 아기자기하게 꾸며진 공연을 바라보면서 특히 팬들과 함께 꾸미는 다양한 진솔한 이야기에 감동 받으며 정말 이 공연을 잘 왔구나하는 생각도 들었다. 거의 몇 백 대 1의 경쟁률을 뚫어야 티케팅에 성공한다고 하는데 어떻게 이 표를 구했는지 정말 고마운 생각이 들었다. 거의 3시간 넘게 진행된 공연은 정말 감동의 도가니였다. 게스트로 출연한 나윤권을 비롯하여 거미의 공연도 너무나 좋았으며 특히 성시경이 최근 핫한 최준을 패러디하여 진행하는 코너는 거의 코미디 그 자체를 능가할 정도로 개인적으로는 너무 웃기고 재미있었다. 소녀 분장한 성시경의 모습도 재미났고 본인이 정말 열심히 준비한 댄스 코너도 핫한 인기를 끌었다. 왜 여성들이 미치도록 성시경을 좋아하는지 알 것만 같다. 그리고 어느 팬이 보내온 코로나로 인해 어머니를 보내드리면서 못다 한 이야기를 들려주는데 생전에 엄마한테 잘하지 못해 죄송하다는 사연이 소개될 때에는 관객은 물론 연주자들까지 모두 울음의 도가니 속에서 허우적거려야 했다. 나도 어찌나 눈물이 나는지 부모님 얘기가 나오면 너무나 뵙고 싶어 목놓아 엉엉 울게된다.

사실 공연이 시작되어 막바지로 흘러갈 무렵, 관객석에서는 과연 요즘 가장 바쁜 대학교 축제에 메인 게스트로 출연하는 PSY가 오늘 무대에 나올지 어떨지가 관건이었다. 워낙 성시경과는 중학교 및 고등학교 절친임을 알기에 은근 기대하는 눈치였다. 연세대 노천극장에서 개최되던 기존의 공연과 달리 1만명에 달하는 팬들을 한자리에서 볼 수 있는 이번 공연은 그 자체만 해도 핫이슈였는데 게스트 출연진을 두고도 설왕설래 말이 많았던 것이다. 거대한 규모에 걸맞게 이날 드디어 전주가 흘러나오고 우리들의 영원한 스타 PSY가 등장했다. 기존의 성시경 콘서트가 본인 말처럼 잔잔한 음악이 주를 이룬다면 PSY는 그 많은 청중을 자리에서 일어나 모두 춤추게 만드는 마력이 있었다. 나도 잠시 상상을 해보았다. 언젠가는 이렇게 많은 사람을 한 자리에 모셔서 멋진 강연을 할 수 있기를 기대해 보았는데 아마 그 꿈이 이루어질지는 모르겠다.

그냥 술 잘 마시는 주당으로 알고 있어서 성시경과 술 한 잔 마시면서 인생 살아가는 이야기를 도란도란하면 좋겠다는 상상을 한 번씩 해보았는데 오늘 이렇게 성시경의 콘서트에 참석하여 그의 진면목을 보면서 참 반듯하고 좋은 사람임을 알게 되었다. 방송에서 보이는 이미지가 전부가 아닌 뭔가 진솔한 느낌을 받게 되었다. 무엇보다 그가 맹세하는 절대로 음주 운전하지 않겠다는 말과 마약을 하지 않겠다는 말이 너무나 지극히 당연한 말인데도 최근 연예인들의 약간은 더티한 추문에 오히려 성시경의 반듯함이 더더욱 빛을 발한다는 생각이 들었다.

나이가 들면서 더더욱 느끼는게 성시경에는 여성들의 마음을 훔치는 많은 요소가 있다. 은근히 웃기지 않을 것 같으면서도 잔잔하게 유머를 퍼뜨리는 파워가 있고 늘 약간은 처진 눈매에서 풍겨 나오는 진솔한 밝음의 미소가 가득하고, 정리가 안 된 치아지만 뭔가 맛있게 먹을 것 같고 마실 것 같은 인간다움이 뿜뿜 퍼져 나오고 무엇보다 백만불 그 이상의 감미로움을 전하는 목소리가 세월이 지날수록 더 멋지게 다가오는 것이다. 그가 전하는 다정한 목소리는 아마도 뭇여성들의 가슴을 녹이고도 충분함이 있으며 그렇게 최근 들어서는 10대 팬들도 많은가 보다라는 생각이 들었다.

공연을 지켜보면서 정말 잘 왔다는 생각이 많이 들었다. 시절적 분위기도 어쩌면 이렇게 좋은지 5월을 마감하는 날씨는 밤 10시가 다 되어가도 상큼함과 촉촉함이 묻어나 반팔을 입었음에도 전혀 춥다는 생각이 들지 않았다. 공연이 끝나고도 누구 하나 먼저 나가고자 설레발 치는 사람도 없이 일사불란하게 질서를 지키며 순조롭게 빠져나가는 모습에 그를 향한 팬심을 강하게 읽을 수 있었다.

성시경하면 고려대가 떠오르고 감미로운 목소리에 최근에는 유튜브 방송에 요리까지 섭렵한 뭇여성의 마음을 설레게 하는 멋진 쿨가이! 한마디로 그를 정의하기는 어렵지만 성시경의 축가 콘서트는 앞으로도 계속 팬들의 팬심을 자극하며 심신에 지친 현대인들에게 잔잔한 차가 우려내는 따뜻한 감미로움을 더할 것이라 확신한다. 언젠가 성시경을 행여 만나게 된다면 인간 성시경이 어떤 친구인지 탐색해보고 싶다는 생각이 문득 들었다.

앞으로도 지금의 멋짐과 반듯함 모습 그대로 감미로운 노래를 세상을 아름답게 만들어 주세요라는 말을 감히 그에게 전하며 나의 성시경 콘서트 축가에 대한 소회를 마감하고자 한다.

양양의 밤은 화려하다

내가 양양 마니아가 될 줄 상상도 못 했다. 서울대 법대 공부를 하면서 너무나 힘들고 지쳐 찾아간 곳이 주문진 양양이었는데 이제 양양은 젊은 청춘들의 성지가 되어가고 있다. 젊은이뿐 아니라 한동안 봄에 황사를 피하기 위한 피신처로 동해바다가 각광을 받았다. 물론 주변 지인들 중에는 아예 괌이나 사이판에 주택을 마련하는 경우도 허다하지만 그렇지 않을 경우는 우리나라 동해가 황사를 피해 쾌적한 공기를 즐길 수 있는 안식처로 최고가 아닌가 그런 생각이 든다. 속초의 일명 잘나가는 아파트엔 p가 10억을 넘어서 많은 사람들이 뜨악한 적이 있다. 그만큼 오션뷰에 대한 수요는 끝이없고 바다를 갈망하는 대한민국 국민들 역시 엄청남을 알 수 있다. 어느 정도 경제적인 수준을 넘어서게 되면 여가와 여유를 즐기게 마련인데 이런 차원에서 동해바다는 불변의 진리로 통하는 것이다. 풍부한 먹거리까지 덤으로 즐길 수 있고 해양스포츠의 천국이자 청정공기가 춤을 추는 이곳이야말로 최고의 휴양지가 아닌가 그런 생각이 든다. 코로나가 주춤하면서 여행객들이 기하급수적으로 늘어남에 따라 양양에는 최근 한동안 연기했던 LF리조트를 비롯하여 다수의 휴양지가 개장을 목표로 공사에 돌입했고, 27년이면 드디어 동해북부선인 강릉과 주문진, 양양, 속초, 고진을 잇는 관광철도가 개통되어 서울에서도 KTX를 타고 강릉까지 오면 이동의 불편함없이 이 일대를 관광하게 된다. 동해 묵호항도 젊은 청춘들에게는 데이트 코스로 유명하다. 동해는 주문진에 비해 사실 해조류 가격이 다소 저렴해서 놀랍기도 하다. 해양도시로서 앞으로 이 일대가 변할지 자못 기대가 크다.

이처럼 기존 관광지 일번지였던 강릉 경포대의 아성을 뒤흔들 새로운 대체지로 주문진을 비롯하여 양양 일대가 주목받으면서 다양한 주거형태가 인기몰이를 하고 있고, 최근 신라모노그램도 고가의 분양가와 생숙임에도 완판되어 현재 프리미엄이 붙고 있는 수준이다. 젊은 청춘들이 주말이면 불야성을 이루는데 이유는 간단하다. 가장 핫한 서핑과 양양 현지의 술집에서 운영하는 일종의 홍대 클럽의 작은 콘서트를 그대로 가져와 청춘들이 즐기기 좋아하는 프로그램을 만들었기 때문이다. 청춘들이 좋아할만한 모든 요소를 다 갖추고 있다. 그리고 즉석부킹도 단체로 이루어지고 있어서 연애를 꿈꾸는 이들에게도 안성맞춤의 역할을 하고 있기 때문이다. 금요일 밤이면 양양 거리 일대는 고막을 뒤흔드는 음악들로 거리가 자욱한 느낌이다. 발 디딜 틈이 없을 정도로 길거리엔 차량이 즐비하고 거리를 배회하며 구경하는 인파와 주점에서 치맥을 비롯해 칵테일을 즐기는 인파로 거리가 북적이기 시작한다. 거의 8시부터 이러한 흥싯거리는 분위기는 절정에 달하는데 사실 나 같은 50대 아저씨가 이곳을 배회하기엔 무리가 있지만,

나이는 숫자에 불과하다는 마음으로 청춘들과 함께 인생을 즐긴다.

아직 5월이지만 서피비치를 비롯한 양양 및 주문진 일대의 해수욕장에 서퍼들로 가득하다. 설령 물에 뛰어 들어가지 못하는 사람들도 차박을 하며 시원한 바닷물에 발을 담그며 미리 다가온 여름을 즐긴다. 이제 기후변화로 인해 대한민국도 아열대 기후로 바뀌고 있으며 5월이라고 해도 이미 계절적인 분위기는 거의 여름이라고 해도 과언이 아니다. 파리기후협약으로 최근 바이든 대통령이 다시 지구 온난화를 막기 위한 협약에 동참하기로 함으로써 다시 지구를 지키기 위한 노력이 계속 이어지는 것은 너무나 바람직한 현상이라고 생각한다. 바닷가를 다니면서 느끼는 점은 차박을 해서는 안되는 곳에 버젓이 텐트를 치고 심지어 본인들이 즐긴 갖가지 쓰레기마저 주변에 마구잡이로 버리는 사람들이 아직도 많다는 점이다. 이러한 민폐는 제발 인제 그만했으면 싶다.

아무튼 반소매를 입어도 전혀 추위를 느끼지 않는 상큼한 밤공기에 발맞추어 바에서 흘러나오는 신나는 노래는 지나가는 나를 멈추고 사로잡기에 충분했다. 홍대를 버금가게 만드는 고퀼의 음악을 야외에서 즐길 수 있다니 너무나 고마울 뿐이다. 잠시 밖에서 듣다가 가게 앞에 서 있는 곱상한 20대 초반의 청년이 다가와 "형님, 밖에서 이러시지 말고 안에서 음악을 즐기세요. 바틀을 시키시면 단독으로 자리를 드립니다. 그런데 가볍게 주문하시면 합석을 하셔야 하고요!"

그냥 잠깐 음악만 즐기고자 했는데 펑키투나잇이라는 그룹의 공연이 너무나 멋지고 감동을 자아내 돈을 지급하고서라도 음악을 즐기고 싶었다. 그런데 운전도 해야 하고 건강상 술을 삼가야 하므로 양주는 고사한 채 가볍게 무알코올 칵테일에 안주만 시키겠다고 했더니 나를 갑자기 질질 끌어서 여자들 3명이 있는 자리에 데려다 놓았다. 참으로 민망하기 그지없었다. 내 나이가 몇인데 얘는 나를 20대나 30대로 봐준 것인지 아니면 한번 즐겨보라고 그런 것인지 뜬금없는 부킹을 그것도 20대 후반에서 30대 초반 여성들과 매칭을 시키다니 참으로 난감함 그 자체였다. 민망하여 인사도 제대로 하지 않은 채 그냥 공연만 계속 즐겼다.

젊은 친구들로 구성된 펑키투나잇은 악기 연주가 환상적이었다. 베이스부터 시작해서 트럼펫과 트롬본, 게다가 건반에 드럼까지 정말 벌어진 입이 다물어지지 않았다. 현란한 음악에 맞춰 춤추는 친구에 보컬 남녀에 이르기까지 너무너무 환상적이었다. 고작 4만 원 가까이 시켜놓고 이렇게 멋진 공연을 감상하는 것 자체가 미안하게 느껴졌다. 그렇다고 한 명에 5만 원씩 팁을 주자고 하니 그것도 주머니 사정상 부담스럽고 그냥 모든 사소한 걱정들은 잊어버린 채 신나게 춤추며 놀았다. 이제 코로나는 끝이 났나 싶을 정도로 다들 신나게 노는 모습을 보면서 대한민국의 열정을 느낄 수가 있었다. 거의 밤 11시까지 진행된 공연을 보면서 이곳에 정말 구경 잘 왔다는 생각이 들었다. 그 사이 안에 들어오지 못한 인파들은 스트릿에서 관람을 하며 같이 노래 부르고 즐기면서 5월의 주말을 만끽하고 있었다. 외국 관광객들도 흥에 겨워 얼큰히 취한 채 논스탑으로 달리면서 바닷바람의 상큼함과 분위기에 도취해 즐거움을 발산시키기 바빴다.

공연 막바지에 이곳을 관리하는 매니저인지 사장인지 젊은 친구가 자기도 한때 가수를 꿈꾸었다며 다소 차분한 노래로 청중을 매료시켰다. 날이 무더운 정도는 아니었는데 몸매가 자랑스러웠는지 영업 내내 웃옷은 벗어던진 채 구릿빛 몸매를 자랑했고 잘 다듬은 노래는 아니지만, 밖에서 부는 파도 물결 소리와 조화를 이루어 가슴에 길이 남을 추억의 노래가 되었다. 길거리엔 역시 젊은 청춘들이 상탈한 채 활보하며 맥주 한 병에 양양 밤바다를 즐기고 있었다. 이러한 멋진 추억을 기억에 오래 담기 위해 나도 연신 핸드폰 카메라를 켠 채 녹화하기에 열중했다.

공연이 끝난 후 바다 먼발치에서 양양 상권을 바라보니 그렇게 크지는 않은 건물에 영업을 잘한다는 생각이 들었다. 낮에 잠깐 길에서 스친 풀장은 한 번 노는데 거의 100만 원은 들 정도로 일명 물관리를 하고 있었고 강남에서 온 듯한 고가의 외제 차들이 즐비한 채 그들만의 리그를 즐기고 있었다. 밖에서는 일명 기도 친구들이 호시탐탐 출입하는 고객들을 관리하며 떡 벌어진 어깨를 과시한 채 자신들의 위용을 자랑하듯 위압감을 주고 있었다. 이에 비하면 이곳 가게는 그나마 부담 없는 가격에 서핑과 숙박, 술집의 흥싯거림과 멋진 공연까지 즐길 수 있으니 주머니 사정이 좋지 않은 청춘들에게는 최적의 장소인 것이다. 작년을 돌이켜봐도 이곳은 늘 인산인해를 이룬 것 같았다.

모처럼의 힐링은 나에게 삶의 희망과 기쁨을 준다. 젊은 청춘들이 열심히 인생을 즐기는 것도 이제는 귀엽고 멋지게 보일 정도로 나도 나이를 조금 먹었나 보다. 가끔 자식뻘 되는 친구들이 형님 하면서 나를 호칭하는 것도 나름 기분 좋은 경험이라고 생각한다. 언젠가는 같이 노는데 내가 자기네들이랑 비슷한 또래인 줄 알았나 보다. 내 나이를 손가락으로 표현해주었더니 그냥 모래사장에 주저앉아 버리기도 했다. 이러한 색다른 경험도 나에게는 소중하다고 생각한다.

스트레스는 만병의 근원이다. 이를 누적해서 쌓아가다 보면 마음의 병이 커지게 마련이다. 너무나 일상에 지쳐있다면 오늘 당장 양양 바다를 보면서 힐링을 추천하고 싶다. 사실 불과 6년 전 친한 동생이랑 땅을 사기 위해 그곳을 갔을 때 너무나 부동산이 불친절해서 거들떠보지도 않고 자리를 박차고 나왔는데 이제 그곳이 무려 10배나 올라 평당 3천만 원을 호가하고 있고 그러한 부지에 이러한 양리단길이라는 상권이 들어선 것을 보면 그저 놀라울 뿐이다. 그때 부동산 사장님이 객기를 부리신 데는 그만한 이유가 있었나 보다.

올여름에는 거의 양양 바다에서 나의 청춘을 불사르고 싶다. 젊은 청춘들이 주는 밝은 기운을 받으며 나도 더 열심히 나의 삶에 충실히 하고자 노력하게 된다. 그리고 나 역시도 그들처럼 젊음을 유지하기 위해 노력해야 함을 깨닫게 된다. 양양 바다의 시원한 바닷내음이 벌써 내 가슴속에서 살포시 피어오르는 것 같다.

청시행! 청춘의 시작은 여행이다!

수원행궁의 카페거리를 다녀오다

친구가 경영하는 병원에 다녀올 겸 겸사겸사 수원을 찾았다. 5월이지만 때 이르게 찾아온 더위로 인해 반소매가 전혀 어색하지 않은 날씨이다. 수원 화성행궁은 그저 보기만 해도 과거로 여행을 떠나온 듯한 느낌이 든다. 병원 근처를 돌아다니면서 카페거리를 구경하게 되었다. 언젠가 이곳에 땅을 사기 위해 다녀간 이후 그다지 자주 올 일은 없었는데 불과 몇 년 만에 3배가 오른 땅값에 허걱 놀라면서 주변 가게를 이리저리 둘러보게 되었다.

마치 익선동의 미니어처라고 할 정도로 예쁜 카페며 가게들이 아기자기 옹기종기 즐비해 있었다. 아직 이른 아침이라 가게 문을 많이 열어놓지는 않았지만, 프랑스식 가정식사부터 시작해서 한식 등 이렇게 많은 가게가 있을 줄이라는 생각이 들 정도로 나의 손은 카메라 셔틀을 누르기에 바빴다. 주말이면 아예 주차는 상상을 초월하고 길을 걸을 수 없을 정도로 많은 인파가 오간다고 하니 어느 정도인지 자못 궁금하다.

떡을 파시는 아주머니께서는 한정된 떡만 준비해서 파신다며 연신 떡을 사갈 것을 부탁했다. 워낙 떡을 좋아해서 떡을 먹고 찐

살이 아닌가 싶을 정도로 떡 마니아인데 그 덕분에 이날도 주머니를 완전히 열고 말았다. 하루 팔 떡을 모조리 다 사버리고 말았다. 워낙 손이 커서 떡을 사가면 주변 동생들과 나눠 먹을 수 있기에 아낌없이 다 달라고 부탁했다. 아주머니는 과거를 회상하며 이제 이곳은 땅값이 너무 비싸니 맞은편 아직 덜 개발된 곳을 추천해주셨다. 그리고 연무동이 아직 가격이 오르지 않았는데 개발 계획이 있을 것 같다면서 조심스레 말씀하신 것이다. 안 그래도 어제 서울대 법대 모임에서 친한 동생이 수원 인계동에 투자했는데 이제 드디어 대규모 개발 계획이 현실화하였다며 연신 벌어진 입을 다물지 못했다. 현재 직원을 30여 명 거느린 변리사 사무실을 운영 중인데 워낙 사교적이어서 어제 처음 만난 법대 형님과도 마치 기나긴 시간을 함께한 것처럼 자연스레 형님 하면서 잘 따르는 모습을 보고 이 친구는 잘될 수밖에 없다고 느꼈다. 나이가 많으면 언제나 형님 하면서 처음부터 호칭 정리를 하고 시작한다. 결국, 옆자리에서 이야기를 들어보니 부모님이 할아버지한테 물려받은 낡은 집과 관련하여 어느새 판사로 재직하다 거액의 연봉을 받고 김앤장에 근무하는 그 형님한테 법률적인 자문을 무료로 받는 것이 아닌가? 아무튼, 넉살좋고 성격 좋고 멋진 친구이다. 게다가 학부는 포스텍 전자공학까지 전공했으니 참 똑똑하고 잘 나가는 친구이다. 무엇보다 그 친구의 넉살이 참 마음에 든다. 그 옆에는 과학고를 졸업하고 카이스트를 졸업한 후 서울대 법대를 공부한 또 다른 친구가 있었는데 이 역시도 참 난 놈인 게 거의 아버지뻘인 86학번 형님한테 찰싹 붙어 앉아 이런저런 사회생활을 하는 것이 아닌가? 올해 30살인데 벌써 개업하고 실적도 좋다고 하니 요즘 잘 나가는 청춘들은 또 뭔가 남다른 느낌이 있음을 알게 되었다. 모임이 있으면 언제든지 모든 스케줄을 일명 째고 참석하는 이 친구한테 묘한 인생 처세술이 있음을 발견하게 된다.

아무튼 수원도 이제 한참 동안의 움츠림을 깨트리고 다시 도약하고 있다. 최근에 젊은 친구들이 투자처로 수원 영통을 가장 많이 선택함에 따라 망포역과 영통역 일대가 급등을 했다. 아무래도 삼성전자를 기반으로 하고 있기에 광교와 더불어 이 일대가 발전하는 게 아닌가 그런 생각을 하게 되었다. 먹거리가 풍부한 첨단산업이 자리 잡고 있어야 도시가 베드타운이 아닌 실제 주거하는 기능을 담당하게 되기에 망포 및 영통 일대는 앞으로 더 기대된다. 아울러 광교신도시 역시 강남을 전혀 부러워하지 않고 그곳으로 가고 싶어 하지도 않으면서 그들만의 리그를 형성하고 있다. 집값이 거의 20억에 육박할 정도로 호수공원 일대는 주거지로서 인기몰이하고 있다. 설령 교육 때문에 강남 대치동을 선호하기도 하지만 일명 열혈 엄마들이 라이드를 하고 있기에 굳이 이사를 강남으로 하고 있지는 않은 것 같다.

수원 구도심은 아무래도 역사적 유물이 많아서 발전에 제약을 받긴 하지만 떡집 아주머니 말씀처럼 서울에 돈 있는 사람들이 카페거리 일대를 모조리 투자하여 상권을 형성함에 따라 이제 이곳은 넘사벽이 되었다고 한다. 그나마 자기는 집을 팔지 않고 떡집을 운영하고 있는데 계속 이 떡집을 팔라고 부동산이 연락 와서 어떻게 해야 하나 고심하고 있다고 말씀해주셨다. 도심이 형성되면 당연히 기존에 살던 분이랑 기존에 그곳에 상권을 잡아 생계를 유지하던 분들이 외곽으로 밀려나는 젠트리피케이션 현상이 발생하게 된다. 성수도 마찬가지였고 이태원 역시 그러한 상황이 되어버리고 말았다. 아무래도 이러한 원주민들을 위한 배려하는 정책이 필요하지 않나 그런 생각이 든다. 대장동도 그런 맥락에서 할 말은 많지만 이쯤에서 멈추고자 한다. 길어지면 복잡해지기 때문이다.

이런저런 것을 차치하고서 수원 화성행궁은 참으로 아름답기 그지없는 우리나라의 소중한 문화유산이다. 지금은 광교신도시에 밀려 옛 명성은 찾기 어렵지만 그래도 과거로의 여행을 생각하고 있다면 아름다운 화성행궁을 권하고 싶다. 시간에 쫓겨 갈비 통닭은 먹지 못했지만, 조만간 시간을 내 맛있는 통닭도 맛보고 싶다.

분당 율동공원의 추억

벌써 7여년의 세월이 흘렀다고 어렴풋하게 기억한다. 그 언젠가부터는 정확하게 세월의 흐름을 인식하지 않아 솔직히 몇 년이라고 호언장담할 수는 없지만 기억너머 저편에 대충의 시간의 흐름을 측정하며 난 그렇게 하루하루를 살아가고 있다. 꽤나 긴 시간을 성남시 분당에 살았다. 외대부고에 근무하게 되면서 갑자기 시작된 분당살이는 그렇게 시작되었고 분당 하면 으레 휴식공간이 율동공원일 수밖에 없다. 처음엔 분당의 낯선 길을 헤매면서 운전하다 보면 나도 모르게 서울로 향하는 무조건적인 반응에 많이 놀랐지만 어느 순간, 익숙해지면서 세상 그렇게 편할 수가 없었다. 강남만이 최고 좋은 주거지라고 살아온 나아게 천당 아래 분당은 처음에는 낯설음 그 자체였지만, 시간이 흐르면서 분당과의 추억을 한켠 한켠 쌓아가면서 왜 사람들이 천당에 견주어 분당이라고 했는지 조금씩 알게 되었다. 탄천이 주는 산책의 즐거움은 물론 모든 편의시설이 가까이에서 해결되어 좋았고, 사방팔방 편리한 교통을 통해 어디를 가든지 참 지리적 위치가 요긴하다는 생각이 들었다. 수많은 추억을 지금은 하늘나라에 간 내 청춘의 애틋한 한 자락을 차지하고 있는 우리집 귀염둥이 '꾸꾸'를 비롯한 온 가족이 주말이면 당연한 산책코스로 율동공원을 찾았고 그렇게 분당과의 인연은 더 애틋하게 쌓여만 갔다.

그 언젠가 강연료와는 상관없이 국군수도병원 의무사령부에서 강연을 요청했을 때 흔쾌히 승낙하고 군무원인 의료인들을 대상으로 강연을 간 것도 아마 이러한 추억의 옷자락이 나를 살며시 잡았기 때문이다. 너무나 감사하다며 감사패를 받는 것으로 나는 이미 나에 대한 강연의 보상을 받고 있었고 그 곳을 가는 발걸음에서 지나간 과거를 되잡을 수 있었기에 내 마음속에는 이미 희망의 꽃이 활짝 피었는지도 모른다.

다시 찾은 율동공원은 예전과 별반 차이가 없었다. 여전히 주말이면 양쪽 길가에 즐비한 차량이며 북적이는 카페와 식당가, 텐트와 타파를 친 시민들의 평화로운 얼굴과 아이들의 뛰어오는 모습, 삼삼오오 행복하게 거니는 시민들의 작은 이야기들, 그리고 무엇보다 4월의 싱그러움을 유감없이 발휘하는 푸른 빛깔과 형형색색의 온갖 아름다운 꽃들이 마치 오랜만에 오는 나를 크게 환영이라도 하듯 활짝 웃는 모습같았다. 간혹 인라인스케이팅을 타다가 넘어져서 어쩔 줄 몰라하다가도 금새 일어나 다시 활기차게 형들이랑 노는 아이의 해맑은 모습이 그렇게 사랑스럴수가 없으며, 마치 그 넓은 율동공원 호수가를 제집마냥 넓게 쓰고 있는 청둥오리들이 전혀 사람을 무서워하지 않으며 인근 산책로까지 나와서 자유롭게 노니는 모습을 보면서 이것이 진정한 행복의 한 자락임을 조용히 깨달으며 연신 나도 모르게 핸드폰을 꺼내 이들의 사랑스런 모습을 하나하나 찍게 되었다.

예전에 비해 달라진 점은 갈대숲이 우거진 연못의 한 자락을 인공섬으로 만들어 사진찍기 예쁜 포토존을 만들고 풍차를 정 중앙에 설치하여 마치 네덜란드에 온듯한 이국적인 풍경을 만들었다는 것이다. 네덜란드는 나에게 영국 여행에서 절대 빼놓을 수 없는 애틋한 추억의 장소로 세월이 지났지만 늘 아름다운 추억으로 남아있다. 친구들과 여행을 갔다가 길을 잃어버려 졸지에 국제미아가 될 뻔한 상황에서 삼성입간판을 보고 길을 찾아 그 새벽에 다시 숙소로 돌아온 기억은 수십년의 시간이 지났지만 여전히 나에겐 손내밀면 닿을듯한 추억의 한 장면으로 남아있다. 풍차와 튤립에 대한 그리움 때문인지 난 이 무렵이면 가급적 튤립을 보려고 노력하지만 생각처럼 녹녹하지는 않다. 정작 마당에 심어 둔 튤립은 언제나 시절을 넘겨 말라버린 상태에서 방치되기 일쑤였고 그나마 올해는 큰 맘먹고 에버랜드 튤립축제에 때맞춰 감상을 한 것으로 크게 만족을 하고 있다. 풍차앞에서 바라보는 율동공원의 잔물결은 마치 지나간 시간들을 하나하나 되살려주듯이 작은 물결을 일으켰고 저 멀리서 보이는 번지대는 지금은 주인을 잃어 그냥 방치되고 있지만 곧 활기찬 시민들의 큰 웃음꽃이 그곳에서 만발하리라는 기대감을 갖고 노을이 잔잔히 내려오는 물가를 애잔하게 바라본다.

낮에 그렇게 덥더니 밤이 다가오면서 약간은 쌀쌀한 바람에 옷

깃을 여민다. 아무래도 호숫가에 부는 바람이 뭍에서 부는 바람과는 확실히 차이가 있음을 느낀다. 바람을 하나하나 따라다니던 어린시절 바람개비 휘날리던 소년이 이렇게 50대 중년의 아저씨가 된 것을 생각하며 많은 생각이 순간 뇌리를 스쳤다. '이렇게 또 시간이 지나면 나도 곧 회갑을 맞이하겠지!'라는 생각은 슬프기도 하지만 이제는 시간의 흐름을 담담히 받아들일 준비를 하고 있음을 스스로 깨닫게 된다.

반나절의 여행을 뒤로 한 채 돌아오는 발걸음이 그렇게 가볍지만은 않은 이유가 뭔가 나름 고심해보았다. 너무나 많은 추억들이 나의 뇌리에 강하게 자리잡아 차마 오늘의 추억마저 쌓아두기엔 시간적 여유가 더 필요했음을 깨닫고 하나하나 추억들을 나의 사진첩에 정리하는데 시간적, 공간적 마음의 안식이 필요했던 것이다. 다시 언제 이곳을 찾아올지 난 장담을 할 수 없다. 어디 들러서 맛있는 음식이라도 먹고 싶었지만 여독에 지쳐 아쉬움을 뒤로 한 채 돌아오면서 마음 한 켠에는 번지점프가 재개되면 꼭 한 번 다시 오리라 스스로 약속을 해본다.

마치 내가 떠나는 것을 슬퍼하고 아쉬워하듯 먼발치에서 청둥오리가 구슬피우는 듯한 느낌이 드는 것은 오롯이 나만의 착각일지 모르지만, 다시 반가움에 그 녀석들을 보리라는 기대감으로 아쉬운 발길을 돌려본다.

Ⅱ.

추억 회상하기

어머니의 김구이

어릴 때는 뭔가 맛있는 게 있으면 사람들을 불러 나눠 먹는 엄마를 굳이 이해하려 하지도 않았고 이해하고 싶지도 않았다. 늘 퍼다 주는 엄마의 삶이 어린 나에게 그렇게 달가워 보이거나 멋있게 보이지 않았다. 왜 늘 저렇게 수고하면서 고생하고 일부러 일을 만들어서 하는지 난 도무지 알 수가 없었다. 늘 힘든 일은 앞에서 도맡아 하고 그렇다고 어린 내가 보기에 그렇게 다른 사람들이 고마워하지도 않는데 늘 엄마는 타인을 배려하는 삶을 사는데 주력하는 것처럼 보였다.

세월이 흘러 어느 순간 문득 나를 돌이켜보았다. 남자임에도 굳이 부엌일을 마다하지 않고 엠티며 모임 활동이나 세미나 가면 내가 으레 주방장 역할을 하고 있었다. 모임이라는 모임은 다 만들어서 사람들 입에 들어가는 음식을 힘겹다 하지 않고 즐거운 마음으로 하고 있었다. 사실 늘 우리들에게 맛있는 것을 해주신 아빠를 보면서 그냥 나도 그렇게 요리하는 것에 부담감을 느끼지 않았나 보다. 미리 장을 보다가 낑낑거리며 그 무거운 것을 들고 나를 때에는 두 번 다시 이런 일을 하지 않으리라 다짐하지만 그래도 나로 인해 누군가가 행복해하는 모습을 보면서 모든 시름을 잊어버리곤 했다.

나도 사실 대학교까지는 그런 모임을 활성화하면서 지내지는 않았던 것 같다. 내 삶이 너무나 바쁘고 또 해야 할 일이 많았기에 그냥 사람들과 모임은 사치로만 여겼다. 난 가야 할 길이 너무나 많고 바쁜 사람으로 나의 일을 해야만 한다고 생각했기에 심지어 한 잔의 차나 친구들끼리의 여행도 아까운 시간 낭비라고 생각했다.

유학 가서도 그런 마인드는 계속 이어졌지만, 유학 당시 같은 아파트에서 생활하던 싱가포르 친구들 덕분에 마인드가 달라졌다. 사실 그 친구들 틈바구니에서 유학이랍시고 공부만 하기엔 너무나 열악한 환경이었다. 그리스, 멕시코, 싱가포르 그 친구들은 유독 파티문화를 좋아했고 아파트는 그들의 아지트가 되어버리고 말았다. 어느 순간 나 역시도 스며들었고 그렇게 인생을 조금씩 알게 되었다.

어머님을 떠올리면 여러 가지 추억이 있는데 김을 구워주셨던 기억이 난다. 김에다 참기름을 정성스럽게 바르면서 가끔 나랑 도란도란 이야기를 나눴는데, 너무 맛있어 보여 침이라도 흘릴 것 같으면 따뜻한 김을 내 입에 넣어주셨던 엄마의 손길이 오늘따라 유난히 그립다. 김을 요즘은 거의 사 먹는 문화가 정착되었지만, 예전에는 김 한 장 한 장에 정성 한 스푼을 담아 참기름을 바르고 마지막 소금을 흩뿌려서 불에 구우면 세상 그 무엇보다 맛있는 귀한 밥반찬이 되었다.

세월이 흘러, 그다지 닮고 싶지 않았던 지나칠 정도의 사람들과의 교류와 모임 주선, 어딜 가나 나름 리더의 역할, 무언가 좋은 정보가 있거나 좋은 먹거리가 있으면 아깝다고 생각하지 않고 주변 사람들이랑 나눠 먹기를 좋아하는 성격은 이제 나의 삶의 일부가 되어버렸다. 굳이 힘들다고 생각하면 시작도 못 할 일을 어느 순간 새벽부터 일어나서 내 소중한 삶의 일부를 할애하여 우리 가족은 물론 주변 지인들까지도 조금씩 배려하는 마음으로 정성스럽게 음식을 하는 나 자신을 보면서 문득 그토록 싫어했던 나눔을 실천하신 엄마의 모습이 자연스레 오버랩되고 회상된다.

그 언젠가는 나를 데리고 어느 봉사활동에 데리고 간 적이 있는데 '굳이 나를 왜 이런 곳에 데리고 온거지?'라는 생각과 더불어 많은 짜증이 났지만 아마 지금 생각해보면면 좀 더 타인을 배려하고 생각하라는 엄마의 깊으신 뜻이었던 것 같다. 그 덕분인지 요즘도 자그마한 봉사활동을 진행하고 있고 그러한 정성을 귀하게 생각하게 여겨주신 덕분에 푸르덴셜 봉사지도자상도 받았으니 참 격세지감을 느끼게 한다. 그런데 봉사는 따지고보면 내가 더 행복해지는 비법이자 비결인 것 같다. 나로 인해서 타인이 행복을 느끼면 그 또한 기쁜 삶의 이치라고 생각한다.

눈에 넣어도 아프지 않을 막둥이 아들을 유학 보낼 때 우리 엄마 생각은 어땠을까 생각이 든다. 지금이야 30대 중후반이 노산이 아니지만, 당시에는 엄청난 노산이었고 게다가 7남매의 막내로 내가 과연 이 집 안에 있어야 하는 존재인지 심히 의문을 가진 큰이모님은 하루가 멀다 하고 유산시키라고 엄마에게 압박을 가했다는 얘기를 나중에 듣게 되었다. 그 많은 자녀를 키우느라 당신의 삶을 즐길 시간이 없어 보였던 것이 너무나 안쓰러웠던 이모님은 태어날 조카보다는 엄마의 안위가 더 걱정되었나 보다. 지금 생각하면 충분히 이해가 간다. 그렇게 7남매의 막내로서 나의 삶은 시작되었고 지금 돌이켜보면 너무나 감사한 교육을 받으며 잘 자랐다고 스스로 생각해본다. 물론 좀 더 강인하게 키우려는 부모님의 교육방침이 있긴 했지만 막내다 보니 늘 귀염을 독차지했기에 보다 더 긍정적인 사고로 삶을 영위할 수 있는 자양분을 공급받지 않았나 그런 생각을 해본다.

막내였지만 독립적인 존재로 교육받은 덕분인지 어느 조직이든 나름 리더로서 최선을 다해 열심히 생활해왔다. 어느 순간 너무 지쳐서 리더로서의 역할은 최대한 자제하고 이제는 팔로워로서 조율하며 생활하는 가운데 충분히 행복해하지만, 앞에서 이런저런 일을 할 때 겪었던 일들은 지나고 보니 아름다운 추억이었다고 말함에도 불구하고 당시엔 나름대로 고충이 있었다고 생각한다. 굳이 얘기하자면, 요즘 이런저런 정치적인 일이나 외부적인 많은 일과 직책들을 은근히 권유받긴 하지만 굳이 거절아닌 거절을 하는 이유는 그냥 소소하지만 확실한 행복으로 나의 행복을 찾으며 가족들과 좀 더 많은 시간을 보내는 일에 치중하고 싶기 때문이다. 예전에는 새벽 5시부터 자정까지 기계적으로 일만 하고 살면서 과연 나의 존재가치와 자아본질은 무엇인지 전혀 알지도 못했고 그냥 그렇게 바쁜 쳇바퀴 속에서 앞만 보고 달렸다. 어느 순간, 과연 나의 삶의 의미는 무엇이고 내가 왜 무엇을 위해 사는지 고심해보게 되었다. 그러면서 드는 생각이 진정한 행복은 내 주변에서 일어나는 작은 일의 만족에서 느끼는 작은 기쁨임을 깨닫게 되었다.

김을 직접 굽고 있는 나를 보면서 참 많은 생각이 뇌리를 스친다. '왜 이런 일을 하고 있지?'부터 시작해서 '그래! 예전의 추억여행을 한 번 해보는 거지!'에 이르까지 단순히 김을 굽는 과정에서 느끼는 눈이 매캐하거나 손에 기름칠 되는 약간은 불쾌한 느낌이 아니라 이 김을 통해 또 그 누군가는 행복해하겠지라는 생각에 그냥 얼굴에 미소 한 번 지어본다. 굳이 강릉에 가면 김 주산지가 아닌데도 마치 이곳이 원산지인 양 김을 한 보따리 사서 차에 싣는 나를 보면서 이 김을 통해 나의 작은 행복을 찾는 작은 과정임을 다시 한번 확인하고 깨닫게 된다.

다 구운 김을 봉지에 하나하나 담으면서 그 옛날 나의 엄마도 이렇게 자식들을 먹이고 주변에 나눠주는 과정에서 행복을 느끼지 않았을까 그런 생각을 해본다. 그리고 명절이면 떡국에 구운김 부스러기를 정성스레 고명으로 올리며 자식들 먹일 생각에 미소를 짓던 엄마의 모습이 찬찬히 반추되어 떠오른다.

'엄마! 하늘나라는 행복한가요? 요즘도 하늘나라에 계신 분들이랑 재밌게 지내나요?'

오늘 밤 꿈에는 꼭 엄마를 만나 4월이 주는 신선한 봄바람을 얘기하며 추억의 시간을 갖고 싶다.

제자에게 아버지 소리 듣다

제자 결혼식장에서 거의 10여 년 만에 만난 제자는 반가움 그 이상이었다. 비록 우리 반 제자는 아니지만 옆 반에서 늘 우리 반에 놀러 왔던 동규는 그렇게 세월의 기억 속에서 그리움의 대상으로 늘 궁금하게 생각한 제자였는데 그 친구를 예식장에서 보리라고는 상상도 하지 못했기에 반가움은 형언의 극치를 넘어선다. 영문학 수업에서 늘 완벽한 발표로 두각을 드러냈던 동규였기에 그리고 붙임성이 많았기에 더더욱 기억에 오래 남는지도 모르겠다.

제자의 결혼식장에 갈 나이가 되었다는 게 나름 새롭기도 하고 세월의 무상함에 안타까움과 아쉬움이 교차하지만, 코로나임에도 불구하고 새로운 신혼 커플이 탄생한다는 무한한 즐거움과 기쁨에 비록 마스크를 쓰고 진행된 결혼식이었지만 감사를 드렸다. 다소 축제 같은 분위기로 진행되는 자유로운 분위기의 결혼식은 요즘 트렌드를 보여주는 대표적인 결혼식이었다. 둘의 만남부터 결혼에 이르기까지 한 편의 드라마로 편집된 영상을 비롯하여 주례사 대신 절친이 들려주는 둘만의 사랑 이야기와 못다 한 재밌는 에피소드 등이 적절한 웃음이라는 양념과 함께 진솔하게 전달되어 매력적이었다.

어찌나 야무진지 부부가 각각 아파트 한 채를 이미 장만한 실속파 커플의 결합이어서 더더욱 놀랍기도 하고 외대부고의 영어과 반장을 했던 장난꾸러기 해맑은 하늘이가 어느새 자라 이렇게 한 집안의 가장이 된다고 생각하니 감개무량했다. 2년간 이 친구들의 해외유학반 담임으로, 나아가 3학년 해외 유학 원서를 쓸 때는 추천서를 도맡아 작성했던 게 엊그제 같은데 세월은 벌써 13년 가까이 흘렀으니 아쉬운 마음 금할 길 없으면서도 이 친구들과 미국 아이비리그 투어를 하면서 함께 한 거의 한 달에 가까운 여행은 두고두고 내 기억 속에 남아있다. 당시엔 비자가 필수적이어서 이 친구들 다 인솔하고 미국대사관 앞에서 비자를 발급받았는데 그 때의 기억이 새록새록 기억에 남고 요즘의 비자시스템을 생각하면 격세지감을 느낀다.

이 친구들을 인솔하고 미국을 다닐 때는 사실 즐거움이라기보다는 부디 무탈하게 잘 인솔해서 미국대학들을 잘 소개하고 장래 미국 유학에 대한 꿈을 키워주면 그걸로 족하다는 그 생각 하나밖에 없었다. 다행히 나의 바람은 나름 성공적이었고 이 친구들은 미국 유펜을 비롯하여 하버드로스쿨, 예일, 프린스턴, 버클리 등 미국의 아이비리그에 입성했고 우수한 성적으로 졸업하여 세계를 주름잡는 인재가 되었다. 그들이 각자의 위치에서 열심히 사는 거로 난 큰 기쁨을 느끼고 있으며 가끔 안부 인사라도 전해오면 그걸로 삶에서 작은 즐거움을 느낀다. 그리고, 사실 나름 소확행을 꿈꾸면서도 끊임없는 도전으로 나를 자꾸만 채찍질하며 앞으로 나아가고자 하는 것도 이 제자들에게 뒤처지지 않겠다는 생각과 더불어 뭔가 롤모델이나 삶의 활력소가 되면 좋겠다는 작은 바람과 기대감에서이다.

그렇게 나의 청춘을 함께 한 친구들이기에 더더욱 애착이 가는지도 모른다. 결혼식 전, 청첩장을 들고 찾아온 하늘이한테 꼭 결혼식에 참석하겠다고 했지만, 약간은 어색하고 낯선 느낌 때문에 가는 발걸음이 마냥 신나지만은 않았지만 이미 이 친구들 선배 결혼식장에도 종종 참석한 적이 있으므로 그렇다고 완전 어색한 것만은 아니었다. 다만 계속 왕래를 하지 않던 상황에서 만났기에 무엇부터 이야기해야 하나라는 나름의 걱정이 나의 머리를 잠시 혼란스럽게 만들 뿐 이 외에는 별다른 걱정은 없었다.

하늘이 결혼식장에서 만난 동규는 예전이나 지금이나 여전히 활력 넘치는 긍정의 아이콘이었다. 유명한 언론인 아버지 덕분에 영국에서 유학하고 미국 노스웨스턴에서 학업을 마친 동규는 삼성에서 근무하다가 현재 투자회사에 다니는 거로 알고 있는데 어제 통화에서는 단톡방에서 가끔 근황얘기를 하고 있는 용준이 회사에 다음 주부터 근무하기로 최종 결정했다는 얘기를 듣고 깜짝 놀랐다. 사실 그 전에 잠깐 용준이와 통화한 적이 있는데 아직 확실하지 않아서 말 못 하지만 놀랄 소식이 있다고 했는데 바로 용준이의 주선과 이끎을 통해 승엽이까지 같은 회사에 다니게 되었다고 하니 인연의 끈은 길고 깊다는 생각이 들었다. 용준이도 미국 버클리를 졸업한 재원으로 정말 대단한 친구라고 생각한다. 반듯함은 물론 성실함으로 무장한 용준이를 보면 정말 지쳐 죽을 것도 같은데 생존해서 저렇게 건강한 모습으로 일하는 것 자체가 기적이라고 할 정도로 너무나 열심히 일하는 모습에 나이든 나도 고개를 절레절레 흔들 정도이다. 그만큼 노력에 노력을 거듭하는 모습에 지금의 용준이가 있다고 생각하며 그의 끊임없는 도전과 노력에 따뜻한 사랑과 열정의 박수를 보내주고 싶다. 이러한 용준이가 친구들을 자신의 사업장에 끌어들였을 때는 당연히 이유가 있다고 생각한다. 그만큼 친구들끼리의 돈독한 우정과 믿음이 있기에 직장마저도 친구의 조언과 간청에 따라 움직이는 것이다. 물론 비전이 있기에 가능한 일이라고 생각한다. 하긴 미국에서 1년에 100억씩 벌던 친구인데 두 말이 필요 없다. 최근 하트시그널로 장안의 화제를 모았던 천인우가 바로 외대부고 및 버클리 직계 선배이니 이들이 앞으로 만들어나갈 세상도 참 멋지고 밝음 밝음이라는 생각이 든다. 그들이 만들어나가는 네트워크도 나름 기대가 된다.

동규가 전한 말이 있다. 불교에서는 3師가 있는데, 법을 설파해

주는 법사, 율법을 맹세하는 수계를 주는 계사, 출가한 이후로 보살펴 주는 은사인데 그중에 나를 법사로 칭하며 치켜세우며 기분좋게 만드는 능력이 있다. 그러면서 자신에게는 생물학적인 아버지 외에 자신을 이끌어준 형 같은 아버지 용준, 그리고 은사인 아버지 나까지 3명의 아버지가 있다는 너스레를 떠는데 역시 동규에게 이러한 세상살이 및 인간처세술에 대한 자신만의 특별한 노하우가 있으니 이렇게 사람들에게 사랑받고 인정받으며 잘 지낸다는 생각이 들었다. 그리고 무엇보다 이 친구들은 고등학교 시절부터 라크로스를 함께 한 찐 우정 파이기 때문에 더더욱 관계가 돈독한지도 모른다. 스포츠는 그런 면에서 볼 때 매력이 풍부한 인간이 만든 부산물이며 최근 골프를 비롯하여 다양한 스포츠가 왜 각광을 받는지 알 것 같다. 사실 골프자체도 의미가 있지만 골프를 치면서 함께 나누는 사교의 정이 더 유의미한지도 모르겠다. 서울대에서 내세우는 지덕체를 겸비한 인재라는 말이 달리 나오는 것이 아닌 것 같다. 운동의 생활화와 일상화는 이미 선진국 영국이나 미국에서 일찍부터 이루어져왔고 이에 뒤질세라 한국도 어느 정도 경제성장을 이룬 현재에는 스포츠가 삶의 일부가 되었다고 생각한다.

스포츠와 건강을 생각하면 종혁이가 생각난다. 유펜 와튼 스쿨을 갔을 때만 해도 월스트리트에서 증권가를 휩쓸 큰 인재로 생각했는데 예상외로 귀국후 서울대 의학전문대학원에서 수학하고 현재 서울대 정형외과 의사로 근무하는 종혁이를 보면 아마 의사이신 아버님의 영향도 적잖이 받지 않았나 그런 생각도 해본다. 사교적이고 때로는 낭만을 즐기는 이 친구를 보면서도 역시 고등학교 시절 반장으로서 반을 잘 이끌어나갔던 리더십이 되살아나는데 늘 해맑게 웃으면서 사람들을 정감있게 대했던 기억이 난다. 최근 오십견인지 뭔지 온몸이 찌뿌둥하고 무엇보다 팔이 제대로 올라가지 않은 상황에서 찾게 된 정형외과의 치료를 받으며 더더욱 종혁이가 무엇을 하는지 제대로 아는 계기가 되었고 여담이지만, 정형외과가 이렇게 돈 잘 버는 전공인 줄 처음 알게 되었다. 1시간에 20만 원을 호가하는 도수치료를 받으며 물론 정형외과가 주는 금전적인 이점도 알게 되었지만 이와는 별도로 나이가 들어가면서 정형외과는 특히나 더 인체를 다루는 소중한 전공임을 알게 되었고 나이가 들어가면서 정말 정형외과와 친해져야 함을 깨닫게 되었다.

나를 거의 6개월간에 걸쳐 치료해준 그 정형외과 의사선생님을 보면서 의사도 나름 환자를 치료하고 다루는 사교성과 대인관계 기법이 뛰어나야 환자를 잘 치료함은 물론 장기적으로 병원을 잘 운영하게 한다는 사실도 알게 되었다. 친절하고 무엇보다 진료를 잘한다고 소문이 난 그 병원은 현재 병원을 더 크게 확장하여 단기간에 크게 성장했는데 이는 모두 그 의사 선생님의 뛰어난 언변도 한몫했다고 생각한다.

"선생님은 늘 베스트 멋쟁이세요!"부터 시작해서 늘 유쾌한 말로 나를 기분 좋게 만든다. 웃으면서 몸에 치장한 금붙이 때문에 몸이 불편하지는 않은지 너스레까지 떨면서 치료에 대한 긴장감을 한껏 낮추는데 이는 교육학적으로도 외국어를 학습할 때 부담되는 스트레스 및 긴장감을 낮추는 affective filter 기능을 함은 물론 환자와의 라포르 형성에도 도움이 된다고 생각한다. 외국어를 가르침에 있어서도 학습자의 불안함과 두려움을 최대한 낮추기 위해 교수자는 최대한 친절하게 학습자에게 다가가서 그들이 발화를 할 때까지 시간적 여유를 주면서 기다려야 한다. 그래야지만 학습자는 마음의 불안을 줄이고 발화하고자 도전하게 되기 때문이다.

기억으로는 이번에 3번째 이직을 준비중인 동규가 새로 옮기는 친구의 직장에서 크게 번창하고 성장하기를 바란다. 무엇보다 요즘엔 마음 맞는 친구들끼리 스타트업을 통해서 크게 성장하는 장면을 많이 목격하게 되는데 셀러리맨으로서 자신의 직장과 일에 안정을 찾는 것도 의미 있고 중요하지만, 도전정신으로 새롭게 시작하는 일도 비록 리스크는 있지만 보람차고 유의미하다고 생각한다. 그렇기 때문에 가끔 친한 후배들이나 제자들이 나에게 자문하는 새로운 일에 대한 도전에 난 가급적이면 찬성표를 던진다. 물론 꼼꼼하고 철저한 준비가 있어야하고 어떠한 역경도 견뎌내야 하는 도전정신이 필요하므로 반드시 확고한 의지를 먼저 확인하게 되고 이후 만일 계약을 하게 된다면 법적인 부분까지도 꼼꼼히 챙길 것을 주문한다.

사실 늘 도전과 긍정에너지를 강조하며 강연을 다닌 나로서는 이러한 제자들의 끊임없는 도전과 노력이 늘 가슴에 와닿는 살아 있는 본보기가 된다. 외대부고 재직시 편입으로 전학 와서 다소 힘들어하며 나를 일정 부분 힘들어했던 진경이가 하늘이 결혼식 마치고 단둘이 짧은 데이트를 하면서 건넨 말이 아직도 생생하게 기억에 남는다.

당시 외대부고 교정의 테라스에서 상담하면서 울 때 자신이 했던 말을 읊조리며,

"선생님, 저가 비록 지금은 이렇게 힘들게 울고 선생님을 괴롭히지만, 세월이 지나면 가장 선생님이 자랑스러워하는 제자가 되어 있을 거예요!"

진경이는 자신이 13년 전에 했던 그 약속을 드디어 지켰다. 그리고 세월이 지난 지금 당당히 커리어우먼으로 내 앞에 서 있는 것이다. 빨간색 멋진 외제 차를 몰고 식장에 나타난 진경이는 다른 스케줄 소화하느라 급하게 택시 타고 식장에 찾아온 나를 끝까지 에스코트해주는 매력까지 발산하며 나와의 짧은 데이트를 마치며,

"선생님, 드디어 선생님과의 약속을 지킬 수 있어서 너무나 기

분 좋아요. 그런데 저 선생님과의 약속을 지킨 것 맞죠?" 다시 한 번 자신이 했던 말에 대해 나에게 질문을 던졌다.

"그래, 진경아! 진경이는 그 누구보다 선생님과의 약속을 잘 지켰구나! 유엔에서 공무원으로 근무하는 진경이가 난 이 순간 너무 자랑스럽구나! 정말 장하고 장하다 진경아! 넘 멋지게 인생 잘 살아왔어!!"

유엔 산하 기구에서 공무원으로 근무하며 잠시 한국에 나와 있는 진경이와의 만남은 그걸로 아쉽게 막이 내렸지만, 세상 참 좁다고 한 다리 건너니까 같은 외교 분야여서 그런지 내가 요즘도 가깝게 지내고 연락하는 외교관 동은이와도 잘 아는 사이여서 같이 한번 만나자고 했는데 코로나로 인해 아쉽게도 성사되지는 못했지만, 파리에 외교관으로 가 있는 동은이가 귀국하면 꼭 같이 한 번 뭉쳤으면 하고 간절히 바라고 있다. 파리는 영국 유학 당시 매주 바람 쐬러 갔던 곳인데 추억이 묻어 있는 그곳을 세월이 흘러 제자 동은이가 외교관으로 가 있으면서 샹제리제 거리에서 맛있게 음식을 먹는 장면을 보내오거나 인스타로 소개하는 것을 보면 그저 모든 것들이 신기할 따름이다. 이 친구 역시 미국 유펜 와튼 스쿨을 졸업한 종혁이의 직계 후배로 자신도 밝히는 것처럼 돈 많이 버는 월스트리트 금융가에서 일할 줄 알았는데 뜻하지 않은 계기로 유학 도중 귀국하여 고시원에서 정말 1년간 열심히 공부하여 일명 외무고시를 합격(요즘은 외교관 자격시험)했다고 하니 정말 대단하다는 생각이 든다. 동은이는 미국의 창의력 올림

피아드에 같이 갈 정도로 아주 친한 제자로 세월이 지났지만 늘 절기만 되면 잊지 않고 인사를 하는 친구이다. 광화문에서 근무할 때는 동은이를 비롯한 외교관 제자들과 함께 와인에 스테이크를 썰며 나름 과거를 추억하며 도란도란 이야기를 나눴던 기억이 난다. 이문세의 '광화문 연가'를 이전에도 그렇고 요즘도 너무 좋아하는 이유를 곰곰 생각해보았다. 이 친구들과의 만남을 마치고 돌아오는 길에 계속 반복해서 들으면서 또 한 번 감상적인 감정에 휩싸이며 그리고 예전 어린 시절 광화문에서의 애뜻한 추억이 오버랩되면서 더더욱 잔잔한 애상과 파문을 일으키기 때문일 것이라고 추측해본다.

동은이와 함께 만난 외교관 제자들에는 3기 한별이, 1기 지열이가 있는데 다들 어쩌면 이렇게 반듯하게 잘 자랐는지 보는 내내 마음이 흐뭇했다. 내 자식은 아니지만, 진심 감사에 감사를 드렸다. 특히 지열이는 사실 나를 서울대 법학전문대학원으로 이끌어준 고마운 제자로 서울대 법대 박사를 마치고 현재는 외무고시 패스로 외교관으로 재직 중인데 지난주 통화에서 지열이는 과감하게 외교관직을 관두고 미국로스쿨로 유학을 떠나 장래 국제사법 재판관으로 일하고 싶은 포부를 밝혔다. 난 사실 외교관으로 그냥 좀 더 스펙을 쌓기를 희망했는데 워낙 예전부터 하버드로스쿨에 대한 꿈이 있었기에 난 조용히 지열이의 꿈을 응원하기로 했다. 국내 최초의 국제사법재판소의 재판관이 탄생하면 그것도 큰 축복이라고 생각했고 제자가 그런 위치에서 일한다면 너무나 감사한 일이라고 느꼈다. 최근 코로나로 인해 자주 볼 기회는 없지만 그래도 1주일에 한 번씩은 안부 인사와 통화를 하는 지열이에게 공직자로서의 반듯함은 물론 인간적인 따뜻함까지 느끼게 된다. 사실 나에게는 너무나 과분한 제자들이라고 생각한다.

동규 이야기를 하다가 어떻게 된 일로 많은 제자가 언급이 되었다. 그냥 이제 제자들도 30대이다 보니 같이 살아가는 인생의 친구라는 생각이 든다. 다만 인생의 연륜과 경험이 내가 좀 더 풍부하다는 것 빼고는 그다지 내세울 것 없다고 생각해서 계속 끊임없이 노력하는지 모르지만, 그래도 이들과 함께 한 추억은 아직도 늘 내 가슴속에서 살아있으면서 아름다운 잔상을 만듦은 물론 삶에 필요한 활력소와 신선한 에너지를 공급하고 있다.

다음 주부터 새로운 직장에서 새롭게 일을 시작하는 동규의 앞날에 반짝반짝 햇살이 비치기를 바란다. 사실 내가 잘되는 것도 좋지만 가끔 들려오는 제자들의 반가운 소식은 내 삶을 더더욱 윤택하게 만드는 활력소이다. 그들의 승진 소식이나 이직에 따른 혜택을 들으면서 나 자신의 삶도 한층 더 업그레이드해야겠다는 생각이 가끔씩 든다. 물론 모토는 소확행인데 내 마음속에는 아직도 나만의 야망이 꿈틀거리고 요동침을 느낀다. 하지만, 늘 그러하듯 내가 이 길을 선택했을 때 내가 얻을 수 있는 것과 그렇지 않았을 때 얻을 수 있는 것을 늘 저울질 아닌 저울질 하며 사색에 잠기곤 한다. 그러면서 앞으로 나의 미래를 조심스럽게 색칠해 본다.

그러면서 내리는 결론은, 나에게는 지금 당장 가장 행복한 것은 뒷산에서 신나는 90년대 음악을 들으면서 우리 집 귀염둥이 빌리를 데리고 산책하는 것임을 깨닫는다. 그리고 강릉 주문진과 양양 앞바다에서 가끔 나만의 사치스러운 스포츠라고 생각하는 서핑을 즐기는 것! 서핑은 아니라도 파도치는 모래백사장을 마음껏 뛰어다니면서 자유를 만끽하는 것! 그것만으로도 나에게는 큰 기쁨이자 행복이라고 생각하며 오늘도 난 나의 하루를 새롭게 다짐한다. 이 새벽이 지는 신선한 공기의 피어오름을 느끼며 나의 사색을 마감한다. 새벽 4시 20분. 필.

라일락 향기에 취하다

사람들을 만나다 보면 그 사람만의 특별한 향취가 있다. 그러한 향취는 그 사람이 평소 보이는 행동과 말에서 두드러지는데 좋은 느낌을 주는 사람은 시간이 지날수록 더 많이 그리워지고 보고 싶어진다. 단 한 번만의 만남으로 만남이 종식되는 예도 있고 설령 한 번 만났다고 해도 다음 만남이 기다려지는 사람도 있다.

어릴 때는 라일락 향기를 그다지 좋아하지 않았다. 뭔가 딱히 정의하기 힘든 향취가 코에 고약하게 느껴졌다. 그래서 어릴 때는 라일락 꺾도 그다지 좋아하지 않았던 것 같다. 그런데 시간이 지나면 지날수록 은근한 보랏빛 향기에 이른 봄은 아니지만 4월이 왔음을 알리는 봄의 전령사 라일락에 빠져들었고 어릴 때 멋도 모르고 싫어했던 라일락 향취를 억지로 맡기 위해 코끝을 가져다 대고 있음을 알게 되었다. 오죽하면 그 많은 꽃을 제쳐두고 마당 화단에 심을 1 순번으로 라일락을 선택했을까? 그 정도로 라일락은 비록 꽃은 자그마하고 어쩌면 화려한 장미에 비해 볼품없지만, 그 향내는 인근에 널리 퍼질 정도로 은은함을 자랑한다. 과하지 않은 향내가 마당에 살포시 퍼질 때면 하던 일을 그만두고 그 향기를 맡기 위해 나도 모르게 라일락꽃에 코끝을 가져다 대고 있음을 발견하게 된다.

사람도 그렇다. 겉으로 자기를 과시하며 포장하는 사람들도 많지만, 비록 그러한 포장은 화려하지 않더라도 조용히 시간이 지나면 지날수록 자신의 빛과 향취를 은은히 발휘하는 사람들이 많다. 대학교 박사과정 때 지도교수님이신 김충배 교수님은 내게 그런 분이셨다. 당시 박사 조교를 하고 있었는데 다른 교수님들과는 달리 나를 혹사하지 않고 필요할 때만 나를 조용히 불러 필요한 일들을 시키셨는데 그것도 뭔가를 하라고 강제하시지 않고 차분히 이런 것 하면 어떤지 의견을 물으면서 내 의사를 타진하곤 같이 조율하면서 일을 같이하곤 했던 기억이 난다. 늘 인자한 모습으로 제자들을 대하셨기 때문에 그러한 인품은 세월이 지나도 나에게 큰 빛으로 남아서 나의 삶에 큰 지표로 남아 있다.

초등학교 교재를 같이 집필할 때에도 교수님께서는 절대로 유경험자이지만 당신의 의견을 강요하지 않고 오히려 신선한 아이디어와 의견을 듣고 싶다면서 나에게 먼저 의견에 대한 견해를 묻곤 하셨고 이는 결국 교재 집필에 고스란히 반영되었다. 세월이 지났지만 5월이 다가오는 시점에 더더욱 그런 생각이 많이 든다. 사실 교수님은 내가 EBS 방송을 진행한다고 하셨을 때 누구보다 좋아하셨고 외대부고에 리서치 차원이긴 하지만 현장에서 학생들을 가르친다고 했을 때 흔쾌히 나의 의견을 존중해주셨다. 그리고, 시간이 흘러 학생들이 너무 좋아 성신여자대학 및 서울시립대 전임 자리를 고수하고 좀 더 현장에 있고 싶다고 했을 때도 나의 의견을 존중하며 그렇게 해보라고 하셨다. 사실 교수님께서 물심양면으로 많이 도와주셨는데 너무나 송구스럽고 죄송스러웠다. 그 이후에도 교수님과는 중학교와 고등학교 영어교재 집필 및 한국교육개발원 교재개발과 진행 나아가 교육 관련 토론회에서 종종 뵙곤 하면서 근황을 전했는데 교수님께서는 단 한 번도 이러한 나의 결정에 그 어떠한 질타도 하지 않으셨다. 오히려 그런 교수님께 더더욱 송구스러워서 오버액션하면서 과장된 어투로, 외대 및 교육대학원에서 대학원생을 지도할 수 있으니 그것만으로도 감사하게 생각한다면서 교수님을 안심시켜 드렸다.

하지만, 시간이 지나 진로를 완전히 바꾸어 서울대법대로 전향하면서 난 나의 근황을 차마 교수님께 전하지 못했다. 마치 교수님께는 큰 죄를 저지르는 듯한 생각이 들어 차마 연락을 드리지 못했다. 갑자기 뜬금없이 뒤늦은 나이에 서울대 법학전문대학원을 가서 공부한다고 하니 얼마나 당혹스러웠을지 명약관화이다. 그렇다고 영어 쪽에 최고를 찍지 않은 게 아니라 할 만큼 다해서 이제 편안하게 그 지위만 지키고 누리면 되는데 굳이 당신께서 공을 들여 다 키운 자리를 마다하고 힘겹게 새로운 길을 개척하고자 하는지 교수님께서는 아주 당혹스러우셨으리라 생각한다.

그 뒤로 바쁘다는 핑계로 교수님께 차마 연락을 드리지 못했다. 하지만, 교수님께서 베푸신 사랑과 은혜 그리고 무엇보다 교수님께서 나는 물론 다른 제자들에게 베푼 사랑의 향취는 시간이 지나면 지날수록 더 그리움과 간절함으로 다가와서 조심스럽게 연락을 드리고 찾아뵙고 사죄를 드릴 일은 드려야겠다는 생각이 든다. 당신께서는 평생을 영문학과 영어교육에 헌신하셨고 그 길을 묵묵히 걸어오셨는데 그리고 영국에서 유학하고 돌아와서 다시 새롭게 한국에서 공부하겠다고 교수님을 찾아온 나를 아무런 조건 없이 무조건 제자로 받아들여 박사학위까지 받도록 공을 들이셨는데 그 자리를 박차고 새롭게 법학을 하겠다고 하니 얼마나 놀라웠을지 짐작간다.

사실 얼마전, 제자 어머님과 통화를 하던 도중에도 이와 비슷한 일을 경험해서 놀랐던 기억이 난다. 너무나 아끼던 제자인데 진로를 상담하던 중 나는 고려대나 서울대 법학전문대학원을 권했고 그 친구도 그렇게 할 것 같더니 결국 본인의 전공인 경영학을 살려 외국계 투자회사에 취직했는데 어머님 말씀으로는 선생님을 실망하게 해서 차마 나를 만날 수 없을 것 같다는 얘기를 들었다. 그래서 전혀 그렇지 않으니 편하게 연락을 하라고 말씀드리며 그러던 도중 그 제자의 초봉이 1억을 넘는 것을 듣고서는 오히려 잘된 선택이라며 크게 칭찬했었다. 다행히 고액의 초봉 덕분에 강남 반포동에 모아타운 추진하는 빌라도 이번에 구매할 수 있게 되었으니 오히려 잘된 일이라고 생각한다. 그 친구가 산 빌라를 끝으로 더 이상 매물도 나오지 않고 있는 실정이다.

아무튼 이번엔 나도 용기를 내어 교수님을 찾아뵈리라 다짐한다. 이번 다가오는 스승의 날에는 정말 크게 맘먹고 교수님을 찾아뵙고 지나간 이야기를 도란도란 나누고 싶다. 늘 아버지처럼 다정하게 앞길을 이끌어주셨던 교수님의 인자한 모습이 더더욱 눈에 아른거린다.

‘교수님! 부족한 저를 잘 이끌어주셔서 너무나 감사합니다. 더욱 멋진 사회인으로 앞으로도 더 열심히 생활하겠습니다!’

마음속에는 벌써 이런 말이 계속 어른거리며 맴돌곤 한다. 5월 스승의 날이 무척이나 기다려진다. 라일락꽃을 바라보면 그리고 그 향취를 맡으면 가장 먼저 떠오르는 김충배 교수님!

‘교수님, 정말 존경하고 사랑합니다!!’

도시농부를 꿈꾸다!

변호사 현근이가 자신의 집에 초대했다. 예전부터 몇 번 그런 얘기가 오갔는데, 이번에는 지난번 생일을 기점으로 아예 날짜를 정해버렸다. 아마도 자신이 정성껏 가꾼 화단을 자랑하고 싶어서 인가보다. 물론 겸사겸사 이유가 있기도 하다. 다른 친구들과 같이 가려다가 이번에는 그냥 혼자 가기로 마음먹고 현근이네 집에 들렀다. 결혼한 친정집에 가는 엄마도 아니지만, 이것저것 밑반찬에 한우 불고기까지 준비해서 바리바리 싸 들고 심지어 들지 못해 울 집 빌리 유모차까지 동원해 현근이네 집을 찾았다. 강남 한복판에 있는 현근이네 집은 아무리 생각해도 신의 한 수인 듯싶었다. 당시 아무리 집을 사라고 해도 사지 않더니 무슨 맘이 동했는지 이 집은 공매를 통해 사게 되었고 무려 300대 1에 가까운 경쟁률을 뚫고 이 집을 갖게 되었으니 현근이가 이 집에 대해 갖는 애착심은 굳이 두 말이 필요없다.

12층이어서 아래가 훤하게 내려다보이는 게 너무나 좋아 보였다. 그리고 손재주가 많아 집안에는 굳이 몸을 움직이지 않아도 버튼만 누르면 모든 것이 일사불란하게 움직이는 갖가지 장치가 되어있어서 커튼을 치거나 조명등을 켜는 일련의 행위들이 굳이 노동력을 요구하지 않았다. 때마침 잠자는 둘째 공주님을 빼고 큰 공주님이 살포시 나를 반겼다. 작년보다 훌쩍 컸고 벌써 소녀 사춘기가 왔는지 아니면 영어유치원을 너무 열심히 다녀 지쳤는지 아무튼, 예전의 발랄함은 조금 사라져 아쉽기도 했지만 낯가림은 이내 사라지고 곧 밝게 나를 맞아주었다. 여느 때와 마찬가지로 제수씨가 반갑게 나와 환한 미소로 반겨주었다. 사실 현근이한테는 이런저런 교감이 많아서인지 마치 핏줄과 같은 진한 느낌이 든다. 그렇게 성격상 밝게 자신의 감정을 드러내거나 그렇지는 않지만, 변호사 특유의 침착함과 꼼꼼함이 묻어난다. 물론 좀 더 오버를 해도 좋겠지만 굳이 지금까지 살아온 현근이의 성격을 뭐라고 할 필요는 없다. 어제 현근이는 내가 너무 일명 나댄다는 식의 관종이라고 해서 살짝 놀라기도 했지만 따져 보면 나는 가끔 샤이보이라고 생각하지만, 남들이 보기엔 전혀 그렇지 않고 무슨 일이든 앞에서 리더의 역할을 하니까 당연히 눈에 띄는 행동을 많이 한다고 생각하는 것 같다.

거의 한 차 가득 준비한 김치를 비롯한 밑반찬을 내려놓고 마지막으로 오늘의 하이라이트인 피자 만드는 재료까지 정리해 놓고 식사 준비에 곧장 들어갔다. 사실 손님의 관점에서 가만히 쉬어야 하는데 아기 돌보느라 지친 제수씨를 위해 또 한 몸 희생하자는 마음으로 맘 불편하니 가만히 있으라는 제수씨를 뒤로 한 채 이것저것 같이 상차림을 준비했다. 아마도 나한테 따뜻한 밥한 끼를 준비해주려고 한 것 같은데 사실은 나로서는 그냥 같이 얼굴 한 번 더 보고 귀한 공주님들께 좋은 추억을 만들어 주는 게 더 큰 의의가 있었기에 굳이 마당쇠의 역할을 싫다 하지 않고 자청한 것이다. 훗날 세월이 흘러 나에 대해 좋은 느낌과 추억을 갖고 이 가족이 더 힘을 내서 살면 좋겠다는 작은 뜻이 내포되어 있었다.

내가 오기 전 미리 신선한 회를 준비해둔 터라 내가 가지고 간 낙지 젓갈에 감태를 같이 싸서 먹으니 회가 정말 맛이 좋았다. 텃밭에서 기른 배추 상추로 김치를 담그고 갓김치를 담그고 물김치를 담그고 한 터라 이들 역시 좋은 반찬이 되어 주었다. 이런저런 이야기를 가볍게 하며 늘 그렇듯이 제수씨가 나를 귀인으로 크게 칭찬을 해주신다. 정말 밝고 좋은 사람이다. 현근이가 참 장가를 잘 갔다는 생각이 든다. 강남에서 나고 자라 그곳에서 공부한 사람이면 으레 약간은 잘난 척할 것 같다는 선입견을 다들 가질 수 있지만, 제수씨는 정말 반듯하고 정 많고 표현을 잘하는 분이시라 나 역시도 몇 번 만나고 나니 많은 정감이 든다. 게다가 아직 자녀가 어려 이것저것 손이 많이 갈 텐데도 굳이 귀찮음을 싫다 않고 초대를 해주어서 나 역시도 다른 스케줄을 조정해서 그 귀한 초대에 응할 수 있는 것이다. 친정 어머님의 표현까지 빌면서 나를 극찬해주어 몸 둘 바를 몰랐지만 귀한 공주님들과 함께 하는 식사가 참 소중하게 느껴졌다. 사실 며칠간 계속된 강행군으로 아침에는 이것저것 필요한 장 보기도 쉽지 않았지만 그래도 막상 현근이네 집에 도착해서 식사한 후 현근이가 자랑하는 도심 속 아파트 내 텃밭을 바라보며 나의 모든 준비과정은 고스란히 보답을 받는듯한 기분이었다. 커피잔을 들고 베란다에 준비된 정말 널찍한 공간에서 이것저것 아기자기하게 꾸며진 텃밭을 감상하고 있노라니 도심 속의 모든 시름을 한 번에 털어낼 수 있는 값진 보물과도 같이 느껴졌다. 본인이 직접 준비해서 만든 펜스부터 시작해서 아름답게 알록달록 종류별로 심어진 화초, 그리고 이미 무럭무럭 자라기 시작한 고추와 호박, 토마토, 상추에 이르기까지 없는 것이 없을 정도로 잘 갖춘 멋진 화원과도 같았다. 바닥에는 인조잔디를 깔고 또한 PVC 바닥재를 통해 마치 벽돌 느낌이 들게 하고 심지어 편히 쉴 수 있는 일종의 흔들 그네도 있어서 아이들에게 정말 좋은 안식처이자 놀이터가 될 것 같았다. 우스갯소리로 현근이가 인근 아파트가 현재 25평이 25억에 나와 있는데 이 집은 얼마 할까 하는 질문에 나는 이 텃밭만 해도 프리미엄이 엄청나서 게다가 29평이니 40억도 받겠다며 호들갑 아닌 호들갑을 떨었다. 물론 최근에 금리가 급격하게 올라가서 이런저런 이자 부담도 있겠지만 최근 경제를 생각하면 러시아와 우크라이나의 전쟁으로 세계가 원자재 공급에 몸살을 앓고 있고 이로 인해 우리나라도 직격탄을 받아 대형 건설사도 남는 게 없는 상황이라 수주를 아예 하지 않고 있다고 하니 아마 하반기부터는 아파트가 제대로 공급되지 않아 집값은 더 올라가지 않을까 조심스레 추측

해본다. 이로 인해 새 정부는 분상제를 완화하거나 없애는 선으로 서서히 가닥을 잡고 있는데 아마 6.1 지방선거가 끝나고 나면 이런저런 눈치를 보는 선에서 벗어나 아마 그동안 건들지 않았던 DSR도 조금은 손보지 않을까 생각이 들며 이렇게 되면 눈치 보기 작전에 숨 고르기를 했던 부동산 시장도 조금은 더 활기를 띠지 않을까 싶다. 사실 정부로서도 부동산 거래가 활발해야 들어오는 수익이 있을 테니 마냥 교착 상태로 둘 것 같지는 않다. 무엇보다 시장 물가가 다 고공행진으로 올라가 버려 3천 원대 식용유가 1만5천이 넘는 상황에서 원자재가 올라가면 당연히 아파트 가격도 올라가지 않겠냐는 생각이 든다. 아무튼, 조심스럽게 관망해볼 뿐이다.

밥을 거나하게 먹고 다음은 우리 공주님들을 위해 직접 피자를 만드는 시간이다. 미리 준비해간 재료를 통해 직접 피자를 만들어 봄으로써 좋은 추억을 남기고 싶었다. 어린 공주님들의 기억 속에 아빠와 함께, 그리고 삼촌이랑 함께 하는 좋은 시간이 기억되길 간절히 희망했다. 큰 공주님은 연신 밀가루 반죽인 도우를 만지작거리면서 팬에 넓게 펼치는 데 재미를 느꼈다. 아직 칼을 손에 쥐여주기는 힘든 상황이어서 잘게 다지거나 썬 파프리카며 버섯, 양파 재료를 기존에 발라둔 토마토소스 위에 흩뿌리며 피자를 정성스럽게 만들었다. 그리고 마지막으로 맛있는 모짜렐라 치즈를 듬뿍 뿌린 후 200도 가까이 예열한 오븐에 20분 구웠다. 하얀 치즈가 갈색빛이 감도는 맛있는 색깔로 변해갈 무렵 오븐을 끄고 피자를 꺼내는 순간, 모두 감격에 겨워 손뼉을 쳤다. 이들 가족에 나는 이방인이지만 그래도 이들의 행복을 위해 힘겹게 준비한 피자가 만들어지는 순간, 나 역시도 무한한 감동을 받았다. 한 조각씩 식기에 담아 같이 먹으면서 마지막으로 도시농부인 현근이가 정성스레 가꾼 루꼴라는 아니지만, 상추를 피자 위에 올리는 순간 행복은 절정에 달했다.

뒤에 사실 성시경 축가 콘서트 관람이 있어서 이렇게 나의 현근이네 집 방문은 이것으로 끝이 났다. 알콩달콩 살아가는 현근이를 바라보면서 참 평온하고 화평한 가족의 진면목을 볼 수 있었다. 무엇보다 도심에서 화초나 먹거리 채소를 직접 기르고 심지어 농약을 치지 않고 손으로 벌레를 잡아가며 농사를 직접 해보는 현근이를 바라보며 도심의 바쁜 생활과는 또 다른 삶의 여유와 평화로움, 그리고 아늑한 휴식을 느끼게 된다.

주차된 1층까지 온 가족이 겸사겸사 배웅을 해주는 가운데 난 그들의 밝은 미소를 뒤로 한 채 이 행복의 정원을 빠져나왔다. 처음에는 낯설어하던 둘째 공주님까지 손을 힘차게 흔드는 모습에 내 마음이 아련하게 젖어 들었다. 하루가 다르게 자라 솔직히 1년 만에 바라보는 우리 아가들은 몰라볼 정도로 성큼 성장했고 아마 세월이 좀 더 지나 귀한 공주님들을 보면 또 많이 달라져 있지 않을까 생각이 든다. 이렇게 생각을 해보니 지난번 원이네 가족도 스케줄 조정해서 같이 한 번 봤으면 하는 후회가 뒤늦게 밀려온다. 앞으로 다른 기회에 좋은 추억을 쌓아주지 않을까 생각해본다.

공주님 하니까 갑자기 생각이 나는데 내가 2명의 공주님이라고 했더니 현근이가 대뜸 자기네 집에는 공주님이 3명이라고 했다. 예쁜 아내를 공주님이라고 불러 제수씨가 쑥스러워했지만 이렇게 알콩달콩 웃음꽃 피는 현근이네가 참 행복하게 보였다.

'그래, 현근아! 지금처럼 늘 행복하고 따뜻한 가정을 예쁜 도시 농부처럼 알차게 가꾸어나가렴! 어느 순간 공주님들이 초등학생, 중학생이 될 텐데 그렇게 되면 또 우리도 당연지사 나이를 먹어 가겠지! 하지만, 도심 속 예쁜 화단의 귀한 초록빛처럼 우리도 늘 희망의 예쁜 색깔을 만들어가며 재미있게 인생을 살아 보자구나!'

내 마음속에는 이런 속삭임이 조심스레 메아리쳤다. 인생의 행복은 돈이 많다고 이루어지는 것은 결코 아니다. 물론 돈이 필요는 하지만, 돈보다도 이렇게 소소한 도심 속 화초나 채소를 가꾸며 생명의 소중함을 깨닫고 그 가운데서 직장에서 느끼는 스트레스를 날려버리며 자기만의 사색을 즐기는 것이 아닌가 그런 생각이 문득 들었다. 강남의 도심이 오늘따라 유난히 정감있게 느껴진다.

Ⅲ.

이웃사촌 그리고 세대차이

세대 차이 극복하기

명함 대신 인스타어드레스를 알려주다

거의 2달 만에 만난 동생들과 만남은 여러 면에서 반가웠다. 우리가 늘 만나는 곳은 선릉역에 있는 경천애인! 나이 들면서 단백질 섭취는 필수라며 모임에는 으레 한우가 등장했다. 사실 한우를 좋아하는 동생들의 배려로 이곳이 아지트가 되었는지도 모른다. 그런데 이번에는 변호사로 일하는 홍재가 일명 자신의 나와바리 근처에서 모임을 하길 원해서 교대역 근처 스시진수에서 모임을 하기로 약속했다. 이 근처 금수복국부터 태평양, 우시야에 이르기까지 다양한 맛집이 있지만 스시진수는 예약하지 않으면 자리를 확보할 수 없을 정도로 인기가 높다. 홍재가 나름 더욱 신경을 썼지만 자리는 룸예약만 가능했다. 개인적으로는 룸을 더 선호하는 편이긴 하다. 다소 밀폐된 공간이기는 하지만 창밖이 훤히 보이고 내부에서는 우리만의 진솔한 이야기를 맘껏 할 수 있기 때문이다.

약간 일찍 도착해서 파리크로와상에서 마련한 야외 테이블에 잠시 앉아 주변을 감상했다. 사실 낮에는 파리크로와상이 발 디딜 틈도 없이 이곳 서초 주민들의 동네 아지트가 되고 있고 케익도 정말 다채롭게 준비되어 뭔가 고급스러운 이것 주민들의 입맛을 사로잡고 있다. 삼삼오오 자리를 차지하고 도란도란 이야기를 나누는 모습에서 이제 코로나도 끝이 나는구나 그런 생각이 들었고 예전 샹젤리제 거리에서 파리 시민들이 참 낭만을 즐긴다고 생각했던 장면이 오버랩 되면서 우리나라도 이제 그런 반열에 들었나 문득 그런 생각이 들었다. 잠시 주변을 둘러보는 사이 깔끔하게 차려입은 찬혁이가 나타났다. 오늘따라 유난히 뭔가 멋있어 보인다 싶었는데 은평구 구파발 쪽에 장례식이 있어 지금 막 다녀오는 길이라고 했다. 그러면서 하는 말이 요즘 유독 우리 또래 부모님들 부고가 많다며 너무나 안타까워했다. 그러면서 다들 건강해야 한다는 얘기를 하면서 '우리도 이제 나이를 먹긴 먹었구나!' 그런 생각이 들었다.

안에 자리를 잡고 녹차를 따라 마시는 사이, 역시 깔끔한 차림의 홍재가 나타났다. 역시 유난히 깔끔한 룩을 자랑한다 싶었는데 알고 보니 염색을 했다고 한다. 까만 머리가 역시 깔끔함의 대명사인 듯싶다. 이제는 염색하지 않으면 다들 부스스한 룩을 보이는 그런 중년의 아저씨가 되고 말았다. 지난번에는 마치 우스갯소리로 노숙자 룩이었는데 이번에는 갑자기 뉴요커 필이 난다고 해서 다시 한번 크게 웃기도 했다. 유난히 명품 넥타이와 벨트가 눈에 들어오길래 다시 한번 복장룩에 대해 크게 칭찬을 하면서 변호사 제수씨 칭찬을 해주었다. 누구보다 냉철한 면이 있는 제수씨이긴 하지만 홍재에 대한 무한애정은 들으면 들을수록 맛깔나는 사랑

가처럼 정감있게 느껴졌다. 홍재의 유일한 아들의 교육문제로 가끔 통화 및 스쳐 가듯 만나서 제수씨를 잘 알고 있기도 하고 홍재가 유일하게 술자리에서 면피할 수 있는 게 전설 형님을 만나 교육상담을 해야 한다고 하면 제수씨가 웬만한 부분들은 용인해 주기에 알게 모르게 나를 팔아먹었을 수도 있다. 아무튼, 홍재가 살아가는 법도 참 재밌고 흥미롭다. 홍재는 변호사라는 다소 딱딱한 느낌에서 벗어나 친근한 이미지로 고객들에게 다가가 마음 편하게 해주는 매력이 있는 친구이다.

마지막으로 오마카세가 한참 진행될 무렵 뒤늦게 강화도에서 태석이가 나타났다. 양조가업을 물려받아 다양한 이벤트로 강화도의 핵인사가 된 태석이는 금풍양조를 자신만의 브랜드로 특화하여 이제 문화재 지정까지 앞두고 있다. 그가 출시한 막걸리 제품들이 네티즌 사이에서 크게 인기몰이를 하나 보다. 강화도 지역사회와 연계하여 관광 상품화하는 태석이의 능력을 보면서 이 친구가 가진 긍정적인 마인드가 역시 큰일을 해내는구나 그런 생각이 들었다.

늘 그렇듯 유쾌한 모습으로 나타난 태석이한테서 오랜만의 정을 느낀다. 오늘도 아니나 다를까 동생 힘들다면서 도와달라는 애교 섞인 그의 말이 무척이나 다정하게 느껴진다. 너무나 사랑스럽고 정감이 많이 가는 동생이다.

근황을 들으면서 가장 놀라운 것은 등산을 즐기는 찬혁이의 최근 업데이트된 소식이었다. 주말이면 자신이 하는 광고업에서 벗어나 혼자 홀연히 전국에 있는 명산을 찾아 등산을 떠나는 그의 삶의 태도에 무한 감동한다. 그러면서 들려준 이야기는 자신이 광고를 만들어 심지어 구글이나 아마존 플랫폼에 K FOOD 양념소스로 주목받아 엄청난 돈을 그 회사 회장은 현재 많이 벌고 있음에도 불구하고 자신은 초라한 인센티브를 받고 있다며 아쉬워하기도 하고 장래 교통수단으로 예정되고 있는 나는 택시나 케이블카 형태의 교통편에 대한 3D 구현과 메타버스에 대한 최신 트렌드를 이야기하면서 새롭게 펼쳐질 미래사회에 대한 최신정보를 전해주었다. 그리고 이제는 매장에 들어갈 때 비트코인이 없으면 전혀 출입할 수 없는 시대가 올 거라면서 마치 현재 연세 드신 어르신분들이 최첨단 모바일에 적응 못 해 어려움을 겪는 것처럼 우리도 미래사회를 준비하지 않으면 살아가기 힘들 거라며 어서 빨리 첨단시스템에 적응할 것을 주문했다. VR 및 AR이 현재 우리네 삶에 깊이 파고든 지도 오래되었기에 아무튼 새로 나오는 최첨단 기술에 더더욱 많이 노출되어야 함을 깨닫게 되었다.

평소 건강관리의 한 형태로 찬혁이는 등산을 즐겨한다. 무작정 발길 닿는 대로 전국에 있는 산을 지정하여 때로는 자신의 승용차로 때로는 기차나 고속버스를 타고 전국 일주를 하면서 쌓인 스트레스를 떨어낸다고 한다. 다가오는 주말엔 예약해야지만 갈 수 있는 곰배령에 간다고 하는데 벌써 기대가 큰 듯 보였다. 말만 많이 들었지 어디에 있는지도 몰랐는데 알고 보니 평소 내가 자주 가는 설악산 근처에 있는 청정지역이라고 한다. 그러면서 자신이 최근 등산하면서 찍은 사진들을 소개해줬는데, 유독 젊은 청춘들의 모습이 많이 보여 혹 연애를 하고 있는 게 아닌가 의심을 살짝 하기도 했다. 그런데, 이유를 들어보니 양재역 근처에서 관광버스를 타고 등산 여행을 준비하다 보면 거의 70%가 20대 젊은 여성들이 등산객이 많아 유독 젊은 여성들과의 사진이 최근에 많음을 고백했다.

기존에 내가 알고 있는 정보로는 등산하면 으레 중년들의 불륜 장소의 집합 대명사처럼 느꼈는데 젊은 20대 여성들이 등산한다고 하니 의외였다. 왜 무슨 이유로 등산하는지 내심 궁금하던 차 들려준 이야기는 요즘 20대 여성들의 경우 외모지상주의에 심취하여 특히 자기관리가 철저하고 인스타에 등산하는 장면을 올리면서 나름 희열을 느낀다는 것이다. 건강에 신경 써야 할 중년인 나는 정작 이러고 사는데 벌써 20대부터 몸 관리를 하는 20대를 보면서 괜히 나 자신이 한심하다는 생각이 들었다. 분발해서 나도 뭔가 다시 예전처럼 꾸미고 살아야겠다는 생각이 들었다.

그러면서 그가 들려준 더 충격적인 이야기는 요즘 20대는 명함 대신 자신의 인스타 어드레스를 소개하는 것이 마치 명함을 주고 받는 것처럼 일상화되었다는 것이다. 물론 인스타가 약간은 과장

된 삶을 보여주는 면도 있긴 하지만 그런데도 일상의 삶을 고스란히 보여주기에 달랑 한 장의 명함으로 누구인지를 밝히는 것보다는 훨씬 더 실질적이고 매력적으로 다가왔다. 마치 내가 명함을 들고 다니지 않고 '저는 전 설, 전박사라고 합니다. 저에 관한 내용은 네이버나 구글에서 '전설 교수', '전박사'라고 검색하시면 됩니다'라고 하는 것과 일맥상통한다. 굳이 명함을 건네지 않고서도 나에 관한 데이터가 인터넷에 고스란히 저장되어 있기에 참 편리하다는 생각이 든다. 인스타그램도 오롯이 자신이 살아온 삶을 사진으로 고스란히 보여주기에 보여주는 것에 익숙한 20대에게는 정말 탁월한 선택이라고 생각한다.

어제 단톡방에서 알람탐 재규가 카톡 캡처한 것을 올려주었다. 젊은 신세대들의 성향을 보여주는 것으로 중년의 관점에서 젊은 세대를 이해할 수 없다는 그런 내용이었다. 예전엔 감히 상상도 못 했던 직장상사에 대한 자신의 견해를 솔직하게 밝히는 그런 내용이었는데, 상사로서는 다소 건방지고 불쾌하게 받아들일 수 있는 솔직한 직원의 그런 내용이었다.

5분 정도는 늦어도 '아이코 그랬어요??' 해주기

점심 메뉴 정하라고 하지 말기

퇴근 30분 전에는 일 주지 말기

발표는 되도록 시키지 말기(심장이 쿵쿵거린답니다 ㅜ.ㅜ)

퇴근 후에 단톡방 올리지 않게 해주기

주말에 뭐 했냐고 묻지 말기
퇴근할 때 밝은 미소로 인사해주기

이에 대한 반응은, '나쁜 선배가 안 되고 싶어도 되게끔 만드는 글이네요...요즘 신입들 진짜 저래요?'

'30대 신규 꼰대들이 더 악질이라는 얘기도 ㅋ'

'난 꼰대가 돼지 말아야지 하면서 어느 순간 꼰대가 되어있는 나를 발견하더라구요...'

'급한 일 시켰더니 보고도 없이 자리 비우더라는...그래서 제가 합니다'

'기존 30대 신입에게 타 지사 선배에게 현장 인계하라고 지시하니 현장파악 등 혼자서 알아서 해야 한다네요. 각자 생존이라나?'

'저희도 그런 후배 있는데, 저는 그렇게 합니다. '너 회사와 근로계약 하지 말고, 용역계약으로 하라고요. 너처럼 9 to 6 할 바에야, 너 같으면 직원으로 뽑겠냐? 그러면 알아서 열심히 하더라구요. 요즘 2030중 일부 젊은 사람들 한심한 게, 부지런히 해서 실력 키울 생각은 안 하고 조금 아는 거, 조금 더 한 거 가지고 엄청나게 생색내더라고요. 저희 때는 위 선배들 아무 신경 안 쓰게 다 알아서 했거든요. 근로소득을 우습게 생각하는 게 아닐까 하는 생각이 듭니다.'

역시 젊은 세대와 중년 세대와 보이지 않는 견해차와 이로 인한 갈등 및 라떼가 자연스럽게 나오는 대목이다. 살아온 시절 분위기가 확실히 다르므로 그럴 수밖에 없다. 사실 나는 40대 초반 조카가 예전에 게임을 하는 것을 보면서 이해를 하지 못했던 적이 있다. 그런데 어느 순간 게임은 우리나라는 물론 전 세계적인 트렌드로 주목받았고, 게임을 통한 새로운 부를 축적한 일명 신흥 사대부가 등장하게 되었다. 게임회사는 한때 젊은이들이 취업하고 싶은 그런 드림의 일터가 되고 말았다. '전자게임을 하면 두뇌발달에 좋지 않다', '학생들 일탈의 온상이므로 절대 근처에도 가면 안 된다.'라고 교육받아온 나름 모범생인 나로서는 전혀 상상도 할 수 없는 게임업계가 또 이를 주된 놀이기구로 살아온 30대 및 40대 초반 세대에게는 그리움의 대상이자 또 다른 유희 거리가 된 것이다.

지금 20대 젊은 청춘을 중년들의 잣대로 바라보면 답이 없다. 이해하기는커녕 그들을 마치 새로운 외계인처럼 대할 수밖에 없는데, 그들 역시 중년을 바라보면 꼰대의 극치로 평가되어 도저히 의사소통할 수 없는 그런 존재로 여기게 된다. 그런데, 댓글에서 보듯이 30대 꼰대가 오히려 40대나 50대의 꼰대보다 더 다가가기 힘든 꼰대의 최고봉으로 느끼는 것도 생각해보면 아이러니한 현실이 아닐 수 없다.

여기서 느끼는 점이 바로 눈높이에 따른 이해의 폭을 넓히는 것이 필요함을 강조하고 싶다. 평생을 젊은 청춘들이랑 의사소통 하며 지내온 나에게는 사실 이들이 좀 더 편한 대화 대상이 되기도 했지만, 어느 순간 참 괴리감을 느낀다고 생각되며 이야기를 해도 뭔가 속 시원하고 기분 좋은 게 아니라 한참의 대화 후 무한한 허탈감을 많이 느낀다는 점이다. 아무리 이해하려고 노력하고 그러는 척해도 돌아서면 '왜 이 친구들이 이렇지?' 내지 '이러고 싶을까?' 그런 생각이 드는 것은 아마도 내가 그들의 현장에 가열차게 뛰어들어 공존의 삶을 살지 않고 수박 겉핥기식으로 이해하고자 했기 때문이 아닌가 그런 생각이 든다. 늘 그렇듯 먼발치에서 바라본 시골 풍경은 동심과 아름다움의 풍요로움이지만 가까이 다가가서 보면 소를 모는 어르신 농부의 얼굴엔 땀방울이 아롱져있다는 말이 생각난다.

노동의 가치인 월급으로는 뭔가를 이루기에 턱없이 부족한 현금 부담감과 현실에 대한 부정이 가상의 세계로 빠져들게 하고 눈에 보이는 쥐꼬리 같은 월급명세서로는 도저히 넘사벽인 현재의 집이나 차를 살 수가 없기에 더더욱 이들은 자기네 방식으로 현재를 이겨내고자 함은 아닌지 그런 생각이 든다.

직장에서의 근무 마인드도 평생 이곳에 뼈를 묻기보다는 잠시 스쳐 지나가는 곳으로 치부하는 성향이 강하기 때문에 굳이 여기에 올인할 필요가 없는 것이다. 제자들을 만나서 이야기를 나누다 보면 한결같은 반응이 잠시 머무는 그러한 곳으로 현재의 직장을 생각하고 있다는 점이다. 그러므로 굳이 직장상사에 뭔가를 굳이 배우려 하기보다는 잠시 월급 받고 머무는 정도이거나 어느 정도 선에서 타협을 하고자 하기에 나름 직장상사랍시고 지적하는 것에 못내 기분 나빠하며 다음 날이면 과감하게 사표를 던지는 것이다. 뭔가 빨리빨리 결과물을 만들어내야 하는 과정에 많이 노출되었기에 본인 자신도 그러한 상황에서 빨리 결단을 내리고 다음을 향하는 것이다. 그리고 부모님의 캐어를 많이 받아온 세대이기에 또 언제든지 부모님께 기대면 다음 스텝을 준비해줄 거로 생각하는 경우가 많다. 그들은 어릴 때부터 엄마가 운전해주는 라이드를 통해 학원 가서 공부만 하면 되었고 웬만한 것들은 부모님이 알아서 척척 해주셨기에 굳이 본인들이 힘겹게 고민할 필요가 없었다. 그런데 알아야 할 것이 이제 자신만을 바라보고 캐어해준 부모님들도 당신의 삶을 살아야 하기에 여력이 없다는 점이다.

난 그런 생각이 든다. 학생들이 공부를 당연히 열심히 하는 게 학생으로서 우선순위가 맞겠지만 그보다는 사회생활에 필요한 다양한 활동을 어릴 때부터 많이 경험하게 하는 것이 더 좋지 않을까 나름대로 생각해본다. 어떻게 사람을 대하고 행동해야 하는지 이러한 기본적인 자질이 갖춰지지 않는 이상 어떻게 사회생활을 할 수 있을까? 단순히 수능 문제 한 개 더 잘 맞아서 명문대를 간다고 한들 기본적인 인성이 갖춰지지 않는다면 그 친구는 혼자 하는 일은 잘할 수 있을지 모르지만 여럿이 모여 사회생활을 하는 직장생활은 가히 버거운 높은 장벽의 존재일 것이다. 문제만 잘 풀던 시대는 이미 지나갔다. 물론 뛰어나고 명석한 머리가 필요하겠고 또 그러한 엘리트가 사회를 움직이는 것은 부정할 수 없는 사실이지만 그렇다고 단순히 혼자 머리만 잘 굴려서 사회를 움직이는 시대는 이제 끝났다고 본다. 타인을 이해하고 두루두루 소통하면서 함께 집단지성의 힘을 발휘하여 문제를 해결하고자 하는 마인드로 접근해야 사회생활을 잘할 수 있다고 본다. 우리나라가 노벨상을 받지 못하는 이유도 의학계도 단순히 혼자만 잘해서 뭔가를 이뤄내는 것이 아니라 서로 집단지성을 발휘해서 연구결과를 공유하고 이를 분석하여 같이 노력해야만 보다 고도의 기술에 이를 수 있음을 알 수 있다.

어릴 때 가끔 일명 뺑뺑이를 돌리는 아이들을 아주 안타까워한 적이 있다. 물론 지나친 부모님의 기대감으로 그 친구들이 어릴 때 누려야 할 자신들만의 향수나 추억을 간직하지 못한 채 학원가로 몰리는 게 당연한 현대경쟁 사회의 필수적인 코스라고 항변한다면 나 역시 어느 정도 수긍 아닌 수긍을 할 수도 있지만 그렇다고 오롯이 그 나이 때에만 가능한 활동을 전면으로 포기한 채 오로지 공부에만 올인하는 것도 바람직하지 않다고 생각한다. 어린 시절 형성해야만 하는 단체생활의 인성을 갖추어 서로 배려하는 마음이 없다면 극단적인 이기심으로 가득 찬 지식의 저장고는 결단코 사회를 위한 올바른 일에 사용될 수 없음을 말하고 싶다. 그래서, 나는 아파트 단지 내 놀이터에서 어린이들이 소리를 지르고 깔깔거리면서 마음껏 뛰어노는 모습이 세상에서 가장 아름답고 이뻐 보인다. 우리나라의 미래는 바로 이렇게 밝게 웃고 맘껏 뛰어노는 이 어린 친구들이 해맑음 속에 있지 않을까? 동심의 어린이들은 그저 모래를 갖고 노는 것만으로도 그리고 친구들과 함께 하는 것만으로도 너무나 큰 행복이자 기쁨인 것이다. 그리고 이를 흐뭇하게 바라보는 젊은 아빠와 엄마들을 바라보면서 또 한 번 행복의 기쁜 미소를 짓게 된다.

원론적으로 세대 간의 이해 폭을 이야기하다 보니 여기까지 흘러왔는데, 세대 간의 이해 차를 줄이는데 절대적으로 상대방의 시선에서 어떤 상황을 바라보고 분석하는 자세와 노력이 필요하며 또한 어느 특정인의 삶이나 행동을 보고서 그 세대를 논하기는 매우 곤란하지만 대체로 보이는 어떤 세대의 패턴 분석을 통해 전반적으로 문제가 있다고 느껴진다면 과연 나는 사회적 손가락질을 받는 그런 부류는 아닌지 과감하게 분석해야 한다. 되도록 어린 시절부터 캠핑을 비롯한 단체활동이나 놀이에 많이 참여하게 함으로써 서로를 깊이 이해하고 일명 방구석 워리어라는 이러한 치명적인 이름에서 벗어나 야외에서 맘껏 또래 친구들과 활동하며 서로 교감하고 활동하는 법을 배웠으면 좋겠다는 생각이 든다. 그리고 오로지 나만의 자녀를 생각하는 극단적인 이기심을 버리고 자녀를 키우는 처지에서는 같은 애정의 시선으로 상대방의 아이를 바라보는 시각이 필요하다. 어릴 때 형성된 친구와 그 친구 어머님과의 교감은 세월이 지나서도 크게 긍정적인 요소로 작용한다고 생각한다. 부모님께서 해주시는 것과는 또 다른 세계의 사랑과 애정을 느낄 수 있는 부분이기 때문이다.

스포츠를 한 친구들치고 인성이 나쁜 친구는 별로 없다는 말이 있는데 이는 결국 팀플레이를 위해서 온갖 고난과 역경을 고스란히 극복하고자 노력하는 과정에서 배려하는 마음이 형성되었기 때문이 아닌가 그런 생각이 든다. 스포츠를 하는 가운데 물론 상대를 이기고자 하는 극도의 경쟁심이 발휘되어 자칫 그릇된 행동을 하는 스포츠 스타들의 치졸함도 가끔 언론을 통해 보도되어 눈살을 찌푸리게 하는 예도 있지만 그런데도 요즘 몇 명씩 조를 맞춰 서로 의사소통에 더 주력하며 스포츠 활동이 이루어지는 골프가 대세를 이루는 것도 서로 마음이 맞는 친구들끼리 스포츠도 하면서 살아가는 이야기를 자연스럽게 하고자 함은 아닌가 그런 생각이 들었다. 일명 스포츠를 빙자한 사교모임이 아닌가 그런 짧은 생각을 해보았다.

연일 뉴스나 언론매체를 통해 보도되는 남녀갈등부터 시작해서 세대갈등은 이제 우리 사회를 좀먹는 치명적인 골칫거리가 되고 말았다. 서로 살아온 경제환경부터 사회적 환경이 다르기에 이 사회에서 조금씩 더 곪아 터지는 게 아닌가 그런 생각이 든다. 경제적 부를 어느 정도 누리면서 생활해온 세대랑 전쟁 직후 힘겹게 살아온 세대, 그리고 그러한 세대의 지나친 관심에서 살아온 또 다른 세대가 한 사회 안에서 서로 다른 빛깔과 색깔을 발휘하며 살아가고 있기에 이러한 문제는 발생한다고 생각한다. 너무 하나의 색깔로 만들기보다는 서로 조화를 이루면서 어느 정도 타협되는 선에서 조율하는 합의 묘미가 필요한 시점이라고 생각한다.

각자의 시선에서 바라보는 세상과 타인에 대한 느낌은 천양지차일 수밖에 없다. 나 역시도 예전에는 오롯이 나랑 100% 맞는 사람과만 교류해야 했고 나의 관점에서 조금 이상하다 싶으면 두 번 다시 만남을 이어나가지 않으려고 했는데 나이가 주는 인생의 묘미는 10개 중에서 굳이 교류의 이유를 찾고자 한다면 1~2개만 맞아도 그러려니 하는 마음의 여유가 생겼다. 물론 다른 이면에는 굳이 이 나이에 나랑 맞지 않는 새로운 사람들과 뭘 하러 만나지 하는 마음도 생길 수 있을지 모르지만, 워낙 사람과의 만남과 교류에 인생의 즐거움을 느끼고 기쁨으로 생각하는 나로서는 행복의 이유를 사람들과의 소통에 주안점을 두고자 한다.

三人行 必有我師라는 말이 있다. 삼인행 필유아사인데 세 사람이 가면 반드시 나의 스승이 있다는 말이다. 비록 나보다 학식이 조금 부족할지 몰라도 누군가의 삶을 찬찬히 들여다보면 한 분야에서 성공한 사람들은 누구에게나 그들만의 성공비법이나 삶에

대한 노하우가 있다고 생각하고 또한 성격 좋아 보이고 활발한 친구들에게는 또 그들만의 유쾌한 삶의 방식이 있다고 생각한다. 난 사람이기에 사람과의 만남에서 더 큰 기쁨을 느끼고자 한다. 물론 조심스러운 면이 왜 없을까만은 그래도 새로운 사람과의 만남에도 단순히 일회성 만남이 아닌 최소한 몇 번의 교류를 통해 접점을 찾고자 노력하는 과정을 통해 좀 더 상대에게 다가갈 수 있다고 생각한다. 돌이켜보면 나랑 친하게 지내는 사람들을 기억 저편에 두고 오로지 새로운 사람과의 만남에 주력한다면 이 역시 잘못된 인간관계이므로 반드시 나랑 가까이 지내는 사람들에게 평소 카톡이나 전화 내지 서신 교환을 통해 안부 근황을 묻는 것도 필요한 대인관계의 필수요소라고 생각한다.

어느새 2022년도 4월의 마지막으로 치닫고 있다. 어느새 5월 어린이날 행사를 한다느니 어버이날 및 스승의 날 어떻게 한다느니 많은 말들이 설왕설래하고 있다. 나에게는 물론 이런 행사가 유의미하기도 하지만 그냥 시절이 주는 상큼한 공기만으로도 너무나 살아가야 할 이유를 느끼게 되는 행복 포인트라고 생각한다.

어제도 문득 교대역 크로와상에서 느낀 점이 겨울과는 전혀 다른 4월만의 상쾌하고 밝은 공기의 맛이었다. 피부에 와닿는 바람결이 그렇게 싱그럽고 맑게 느껴질 수가 없었다. 그냥 살아있음에 감사하고 이렇게 건강을 지키고자 노력할 수 있음에 또한 감사를 드리며 오랜만에 친구들을 만나 그들과 함께 지나온 시간을 돌이켜보면서 편히 이야기할 수 있음에 또한 무한 감사를 드렸다. 오마카세와 함께 마신 술로 인해 그리고 과식으로 인해 밤새 잠을 이루지 못하고 뒤척인 것은 너무나 안타까운 만남 뒤에 따르는 나름 병폐일 수 있지만, 세상살이가 어찌 모두 단맛으로 이루어진 달콤함만이 가득할까? 당연히 기쁨을 누린 만큼 그에 따르는 대가는 분명 지급해야 하는 법!!

피곤함으로 찌든 몸을 다시 상큼하게 리프레쉬하기 위해 뒷산 아침 등산을 해야겠다. 지금 시각 5시 55분! 난 오늘도 열심히 산을 오르며 나의 지친 몸과 마음을 추슬러 본다. 그런데 결론적으로 나는 숙성된 오마카세보다는 갓 직판장에서 먹는 신선한 회가 좋고 회보다는 한우구이를 더 좋아한다는 점!! 어제 오랜 시간 나를 지켜봐 온 동생들이 나름 평가한 멘트를 되새기며 살짝 미소를 머금게 된다.

아파트 단지내 이웃사촌 그들과 마음을 나누다

사람들과의 만남을 가진 그 다음날 새벽엔 으레 이런저런 생각으로 잠을 일찍 깬다. 오늘도 어제 약간의 과식 및 과음을 한 탓도 있겠지만 새로운 사람과의 만남으로 인한 마치 일종의 여독처럼 많은 생각을 하게 되어 잠을 깬 후 핸드폰을 만지작거리면서 오지 않는 잠을 다시 청하고 있다.

어제 사실 아파트 내 사람들을 대상으로 번개팅을 쳤다. 늘 그러하듯 재규 알람탐이 선뜻 만남에 동조를 해줬고 그렇게 8시를 약속 시각으로 정한 후 우린 모임을 했다. 그사이 생각지도 않은 하늘이가 팔 깁스를 한 채 부상 투혼을 감행하며 조인해서 너무나 감동이었다. 모임이라면 이렇게 열정적으로 만사를 제쳐두고 와주는 최근에 만난 이 친구들이 있어서 나의 삶에 또 다른 기쁨의 활력소가 되고 있다. 이 친구들을 위해서 드는 생각이 소소하지만 뭔가 챙겨주고 싶다는 마음이 늘 간절하다. 도대체 얼마나 만남을 가졌다고 이러는지 이해할 수 없지만, 언젠가 미니유니 상철이가 첫 모임에서 깜짝 놀라 우리들이 엄청 자주 만난 사이로 오해를 하기도 했다. 아무튼, 아파트 단지 내 친구들과 만남은 난 생처음 가져보는 것이어서 생소하고 낯설기도 했지만 그래도 해

보니까 가장 믿을만한 인간관계 중 하나라는 생각이 든다.

재규와 하늘이랑 이런저런 얘기를 하는 가운데 전 아이스하키 선수였던 창규한테 카톡을 남겼다. 단 한 차례의 만남 이후로 어떤 친구인지 좀 더 알고 싶기도 하고 나름 좋은 인상을 주어서 창규한테 보고 싶으니 왔으면 좋겠다는 메세지를 남겼다. 번개팅이 있는 줄도 몰랐던 창규는 자신이 지금 골프를 치고 집으로 돌아가는 길인데 잠깐 들러서 인사라도 하고 가겠다고 했다. 바쁜 와중에도 모임에 얼굴을 비치고자 노력하는 창규의 마음이 너무나 아름답게 느껴졌다.

골프를 사실 귀족스포츠라고 생각하며 전혀 칠 생각을 하지도 않았던 나는 일명 요즘 말로 골프 젬병이다. 물론 영국에 유학 시절 맘만 먹으면 그 광활한 초원 위에 골프공을 맘껏 날릴 수도 있었지만, 공부에만 미쳐 공부를 인생의 전부로 알았던 나에게 골프는 사치 아닌 사치였다. 그렇게 골프와는 담을 쌓고 지내왔는데 최근에는 어느 모임을 가든지 골프가 화두여서 진심 인피니엘 이랑 우스갯소리로 '우리도 아파트 단지 내 골프 개인지도를 받아야 하는 게 아닌가?' 서로 웃으며 이야기를 나눴다. 알고 보니 인피니엘도 전혀 골프를 치지 못하는 동병상련의 처지였다.

창규는 갑자기 자신의 후배 얘기를 전하며 그 친구가 비트코인

4천만 원으로 현재 20억-30억 가까운 돈을 벌었으며 그중 절반을 현금화하여 그제 2억 가까운 외제 차를 현금으로 뽑았다는 얘기를 들려주었다. 그러면서 자신한테도 계속 권유를 했는데 비트코인이 너무나 두려워 손도 못 대다가 최근에 1천만 원 투자해서 현재 80여만 원 수익을 올린 그래프를 보여주었다. 사실 주식에 대한 아픔이 있기에 그리고 제자가 권해서 비트코인을 한 번 해보려는 찰나에 국내 비트코인 막혀 못했던 기억이 있다. 비록 나에게는 그저 머나먼 이야기로 들렸지만 그래도 부럽다는 생각은 들었다. 그러면서 '이제 소득으로 돈을 버는 세상은 진정 끝났구나!' 그런 아쉬움이 들었다. 왜 20대와 30대가 그토록 비트코인과 주식을 비롯하여 부동산에 열광하는지 알 것 같았다. 일명 영끌이라는 말이 이들에게 해당하는 신조어이기도 하지만 그 이면에 가려진 사회의 아픈 상처 및 조직에 대한 부조리 등에 대해서도 되짚어보게 되었다. 그런데 이후 들은 얘기로는 루나와 테라코인에 투자한 그 친구는 결국 외제차를 사기 위해 출금한 2억을 제외하고는 그 엄청난 돈을 코인폭락으로 거의 다 잃어버리고 말았다는 가슴아픈 이야기를 들었다. 이후 이에 대해 투자자들은 사기가 명확하다며 검찰조사를 의뢰했지만, 현실적으로는 이들을 처벌할 마땅한 법이 없는 듯 싶다. 어차피 투자자가 잃거나 얻고의 문제는 투자자 본인의 몫이기 때문이다. 한동안 사회적 이슈가 된 루나투자 사건은 두고두고 회자될 뜻하다.

50대인 나 어릴 때만 해도 하하 이러니까 일명 '라떼 말이지!'라는 (라떼 is horse-그 때는 말이야!) 말이 생각나서 다시금 미소를 짓긴 하지만 여하튼 당시에는 친구들이 월급을 모아서 서울 시내에 집을 살 수 있다는 희망과 실제로 집을 사기도 했는데 요즘은 사실 그러한 기대는 물 건너갔다고 본다. 부모의 재정적 지원이 없다면 젊은 청춘들이 집을 서울에 산다는 것은 거의 불가능하다. 기생충이라는 영화를 보지는 못했지만 아마 그런 형국이 되지 않았나 싶어 아쉬움을 금할 길 없다.

타인의 이야기이기는 하지만 그래도 창규가 들려주는 이야기를 곱씹으며 나의 삶에 대해서도 한 번 돌이켜보게 되었다. 제주도 땅 2만 원, 3만 원, 8만 원, 그리고 바닷가 젤로 좋은 땅을 급전이라며 100평에 3천만 원에 사라고 하던 그 시절, 제주도의 선인장밭을 비롯한 감귤밭이 널리고 널렸고 실제 2억 가까운 돈을 들고 계약하러 가던 도중에 갑자기 걸려온 친구의 전화를 받고 계약을 파투내며 사지 않았던 땅이 최근 500에서 1000만 원 넘게 거래된다는 소식을 접할 때면 거의 화병이 나서 죽을 것만 같다가도 이건 내가 가져갈 복이 아녔다며 스스로 위안을 하며 마음을 가라앉히게 된다. 다행인지 내가 땅을 사러 가는 와중에 뒤늦게나마 나한테 정보를 얻고 땅을 나 몰래 당시 38만 원에 비싸게 사서 호되게 야단맞았던 그 후배 동생은 지금 거의 준재벌에 가까운 돈을 벌었으니 참 인생은 알다가도 모를 일이다. 그 동생이

산 38만 원 하던 그 인근 땅이 최근에 600만 원에 거래된 것을 보면 '이 친구 정말 나한테 잘해야 하는 데...'라는 생각이 든다.

제자 중에도 사실 외교관이니 판사니 검사니 하는 화려한 사회적 직함은 갖고 있지만, 부동산에는 전혀 문외한이어서 늘 자식 같은 마음으로 최소한 집 1채는 살 것을 권유하곤 했는데 다들 바쁘다는 핑계 및 이런저런 사정으로 사지 못하다가 갑자기 아파트가 폭등하는 것을 보고 뒤늦게나마 힐스테이트세운센트럴 도생을 산 케이스가 있다. 당시 도생은 정부의 부동산 규제의 나름 사각지대로 모든 규제에서 벗어나 1억 정도의 돈으로 10억 가까운 아파트를 구입할 수 있었으니 정말 부동산 정책에서 나는 놈 위에 안착해서 편히 가는 놈이 있다는 말이 달리 생긴 것이 아니라는 생각이 들었다. 아파트와 같은 구조인데 분상제를 피해 당시 도생이라는 이름으로 분양을 했고 일명 줍줍을 해서 거의 20명에 가까운 제자와 지인이 투자했는데 어제 기사를 보니 최근의 불황기에도 불구하고 오세훈 시장의 세운상가 활성화 정책에 힘입어 엄청난 경쟁률로 완판에 성공했다. 물론 나는 이곳에 아무런 투자를 할 수도 없는 상황이었지만 발품을 팔아 일명 부린이인 제자들 손을 잡고 이것저것 도와주는 가운데, 마치 아빠가 자식한테 집을 사준다는 마음으로 하는 그 과정이 나름 뿌듯했던 기억이 난다. 세월이 지나 제자들과 지인들은 나에게 큰 감사를 한다. 비록 나에게 떨어진 이익은 없지만 이를 통해 관계가 더 돈독해져서 그러한 것만으로도 난 기쁨과 희열을 느낀다. 이 친구들과 대화할 하나의 연결고리가 더 생긴 것이다.

얼마 전, 의사가 된 제자랑 식사를 하다가 당연히 젊은이의 최대 화두인 부동산 이야기로 초점이 맞추어졌다. 예전에는 부동산 이야기를 해도 눈만 깜박이던 이 친구가 갑자기 눈을 반짝이며 나의 이야기에 귀를 기울인 채 자신도 이제 돈을 벌게 되었으니 그 돈으로 무엇을 하면 좋을지 진지하게 상담했다. 다행히 중앙대병원 의사로 취직을 했고 생애 최초의 혜택이 있어서 나름 쉽게 대출을 받을 수 있었다. 나는 늘 입버릇처럼 무조건 강남에 집을 사라고 조언을 한다. 그렇지 않으면 인서울, 그렇지 않으면 신분당선!! 그런데 천정부지인 강남에 무슨 수로 집을 산단 말인가? 다행히 갖고 있던 정보가 있어서 얼른 수소문해서 반포동 모아타운 이슈가 서서히 드러나는 빌라를 알아본 후 매입에 성공했다. 예전보다 이것저것 규제가 많긴 했지만 다주택자가 급매로 내놓은 일명 부동산업자들만이 돌리는 물건을 제공받아서 제자에게 건네주었다. 이를 계기로 부동산 계약을 한 후 이 제자의 어머님과 처음으로 만나 제자의 누나, 나, 이렇게 4명이 맥주에 장어구이를 사이에 두고 10여 년간 못다 한 이야기를 한 번에 풀게 되었다. 진작 인사를 드리고 싶었지만 바쁜 나한테 민폐를 끼칠까 봐 연락도 제대로 드리지 못했다며 17살부터 27살인 지금에 이르기까지 당신의 아들을 친아들처럼 잘 돌봐주셔서 너무나 감사하다는 말을 수백 번 하신 것 같다. 그런데, 학창시절부터 잘 따랐던 친구여서 더 애틋한 마음이 들었는지도 모른다. 물론 개인적인 가정사는 뒤로 한 채 그렇게 이 친구는 반포동에 집을 사게 되었고 뒤이어 따라온 그 친구 누나도 네이버에서 근무하며 아껴둔 돈을 탈탈 털어 그곳에 집을 사게 되었다. 불과 2~3주 정도 고민하는 사이 매물은 바닥이 났고 겨우 한 개 구해줬는데 그사이 가격이 무려 1억5천 가까이 점핑을 했다. 그런데도 사라고 권했는데 지금은 아예 매물이 자취를 감추고 모아타운은 그렇게 순식간에 이 일대를 휩쓸고 있다. 사실 내가 얻는 금전적인 이익은 아무것도 없다. 부동산중개인에게 복비에 대해 조율을 해주면서 그분이 복비까지 협상하는 것은 좀 그렇지 않냐며 웃길래

"그래도 사장님은 돈이라도 버는데 저는 한 푼 돈도 못 벌면서 이 바쁜 시간에 뭘 하는 거죠?" 하며 너털웃음을 지은 기억이 난다.

"안 그래도 너무 이상했어요! 왜 이렇게 자식도 아닌데 발 벗고 나서는지…. 원래 다 스승이면 그렇게 하나요? 제 기억엔 그런 분은 뵙지 못한 것 같은데…."

해답은 간단하다. 인간관계에 있어 진심 마음을 열고 최선을 다하면 분명 나처럼 할 수 있다고 생각을 하는데 주지하듯 현대사회에 누가 타인에게 1이라도 관심을 둔단 말인가? 하지만, 내가 생각하는 아름다운 세상은 간단하다. 보다 관심을 두고 주변 사람들한테 최선을 다하고자 하는 작은 배려의 마음이라고 생각한다.

이러한 작은 마음이 모여서 보다 큰 마음이 된다면 이러한 힘으로 세상은 좀더 아름답게 돌아갈 것이다.

어제의 모임도 곰곰 생각하면 번개팅이고 다들 예상치 못한 바쁜 가운데에서도 물론 시차는 있지만, 하늘이, 인피니엘이 등장하고 잠시 후 창규가 나타나고, 뒤이어 중제에 영욱이에 마지막 부산 사나이 충민이에 이르기까지 정말 소중한 만남이었다고 생각한다. 오랜만에 만나는 인피니엘은 언제나 그렇듯 특유의 밝음이 있어서 좋았고 창규는 과함이 없이 잔잔한 미소로 사람들을 편하게 하는 매력이 있어서 좋았다. 재규는 어느 모임이든 빠지지 않고 등장하는 감초 같은 역할이 너무나 매력적인 친구이다. 아파트 단지의 모든 문제를 논리적으로 해결하는 하늘이! 전동킥보드를 타다가 팔을 다쳐 깁스하면서도 얼굴을 비치면서 친근감을 보인 하늘이가 그렇게 사랑스러울 수가 없었다. 최근 담배 및 술을 1주일째 끊고 있음에도 조용히 나타난 중제가 여느 때와 달리 너무나 침착하고 말수가 없어서 무슨 일이 아닌가 걱정이 되기도 했지만, 다시 그만의 전매특허인 밝음으로 세상을 환하게 만들 것으로 생각한다. 직장 후배랑 술을 했음에도 피곤한 몸에 들른 영욱이에게도 감사의 마음이 들었다. 최근에 시작한 신영복 선생님 서체에 매료되어 붓글씨를 쓴다고 했는데 정말 신영복 선생님께서 살아 돌아오신 듯한 필체를 보여줘서 감동이었다. 사실 신영복 선생님의 제자를 가르쳤기에 살아생전 제자의 어머님이 직접 '처음처럼'이라는 액자를 선물해준 적이 있다. 당신의 아들 지용이한테 너무 잘해줘서 감사하다며 그 마음을 당시 액자로 표해주셨는데 우리 집 거실에 보물 삼아 걸어놓고 있다. 지용이도 최근 연락이 끊기긴 했지만 어딘가에서 잘 지내리라 생각한다.

뒤늦게 나타난 충민이는 늘 아침마다 단톡방에 좋은 글귀와 날씨를 알려주는 정말 고맙고 사랑스러운 친구이다. 사실 처음 보는 순간, 여러 가지 많은 생각이 들었는데 그 친구가 전하는 메시지는 정말 왜 그 친구가 삼성생명 전국의 영업마케팅 1위를 차지하는지 가감없이 보여주기에 충분했다. 설득력 있고 자신감 있는 말투로 자신의 의견을 조리 있게 피력하는 자체가 그만이 가진 젊음의 열정과 잘 어우러져 나타났다. 상철이도 얼굴을 보여줬으면 싶었지만 재규 말로는 골프 레슨이 있어서 아쉽지만, 다음을 기약한다고 했다.

12시가 되어 드디어 모임을 파하고 돌아오는 길에 언제나 그렇듯 무인카페에서 하겐다즈 아이스크림을 하나씩 사서 마치 어린이처럼 좋아하며 길을 걸어왔다. 평소에는 판형님이 술값을 계산하시곤 했고 또 언젠가는 내가 나름 연장자여서 계산했더니 이 친구들이 다시 돈을 거두어 Dutch pay, 그리고 이번에는 그렇게 큰돈이 나오지 않아서 내가 먼저 계산을 하고 돌아왔다. '나이가 들면 입은 될 수 있는 대로 다물고 주머니는 열라'는 말씀이 이제

남의 이야기가 아닌 나의 이야기가 되고 말았다. 참 세월 빠르다는 생각이 든다. 그 덕분인지 아이스크림은 재규가 선뜻 사주겠다고 해서 그 모습마저 사랑스럽고 귀여웠다. 그런 형에게 인피니엘은 자신의 딸 생일임에도 이 모임에 참석하고 싶다며 온 것이 못내 맘에 걸린다며 내일 아침 자신의 딸이 좋아라하며 먹을 수 있도록 아이스크림 한 통을 사달라고 해서 모두 유쾌하게 한 번 웃었다.

이런저런 이야기를 주고받으며 돌아오는 길에 지난번 만난 지후아빠가 등장을 해서 너무나 반가웠다. 사람은 만나야 한다. 정말 만나야 한다. 지후아빠는 아파트 뒷산에 유채꽃을 심을 때 본 이후로 이번에 3번째 보게 되는데 너무나 반가웠다. 단지 내에 이렇게 친함을 표시하고 마음을 나누며 이야기를 언제든 할 수 있는 친구가 있어서 너무나 감사하고 기뻤다. 충민이가 어젯밤 그토록 간절하게 나름 열변을 토하며 이야기했던 말이 뇌리를 스친다.

"형님, 사실 이러한 번개팅에 다들 오고 싶을 겁니다. 그런데 어색하기도 하고 또한 코로나로 인해 조심스러워서 못 왔을 겁니다. 그런데 5월이면 이제 학교에서 소풍도 가고 모든 일상이 원래대로 돌아간다고 하니 조금만 기다려보시죠!! 다들 기꺼이 모일 겁니다."

사람이기에 할 수 있는 일들이 참으로 많다. 그중에서도 사람만

이 가능한 일은 이렇게 서로 얼굴을 마주 보며 서로의 근황을 이야기하고 이웃사촌으로 친근감 있게 살아가는 우리만의 즐거움과 기쁨이 아닌가 그런 생각을 해본다. 길거리에서 우연히 만나면 서로 어색해서 피하는 사이가 아닌 서로 얼굴을 마주 보며 반가워하는 그런 사이!!

인피니엘이 전한 살아가는 이야기는 나의 마음에 잔잔한 파문을 일으킨다. 아파트 엘리베이터에서 누군가를 만나면 언제나 먼저 '안녕하세요?'라며 인사를 건네고 자신의 자녀들에게도 엘리베이터에 탄 중학생 형에게 인사를 하라고 권했더니 어느 순간 자신을 보고 인사를 하지 않던 그 중학생도 인피니엘에게 인사를 한다는 놀라운 인사의 전파력을 전해줬다.

'먼저 손 내밀기'는 가장 기본이다. 내가 먼저 손을 내밀면 상대편도 당연히 반가운 마음으로 손을 내밀 것이다. 그러면서 인피니엘은 앞집과 위아래 집에 선물을 돌리면서 서로 친하게 지내는 비법을 전수해줬고 충민이와 인피니엘은 자식을 키우는 처지에서 이웃 주민들로 인해 위기의 상황에서 자신의 소중한 자녀를 지킬 수 있었음에 감사를 드린다고 했다.

아파트라는 공동체에서 서로 낯선 사람이 만나 서로에게 어쩔 수 없이 영향을 주고받으며 사는 사회가 되었다. 물론 예전처럼 대문도 없이 옆집이랑 친하게 지내는 그러한 친밀감은 없을지 모르지만, 여전히 요즘에도 '공구'라는 이름으로 '육아 품앗이'라는 이름으로 서로들 다정하게 지내곤 한다. 사실 단톡방이 주는 장점도 있지만 우려 아닌 우려가 있는 것도 사실이다. 그런데도 서로 모르는 사람이 상대방의 인적사항을 알게 되고 온라인이 아닌 대면을 통해 궁금점을 해결하면서 조금씩 친밀도를 쌓아가는 것은 참으로 좋다고 생각한다.

어제 충민이가 건넨 말이 나의 뇌리를 스치며 기분 좋게 만든다.

"박사님은 사실 우리 직장 상무님이랑 연배가 같으시고 엄청 나이든 티가 날 줄 알았는데 이렇게 젊으셔도 되는 건가요?"

물론 나 기분 좋게 하려고 한 말은 알지만 그래도 충민이가 전하는 말이 기분 나쁘게 들리지 않았다. 그는 이미 상대방을 기분 좋게 하는 법을 너무나 잘 알고 있는 베테랑이기 때문이다. 그러면서 내가 던진 말,

"충민아! 이젠 나를 알았으니 박사님 말고 형이라고 불러라! 그리고 핸드폰에 전설 형 이렇게 저장해!!" 서로 어색하지만 그렇게 조금씩 친해짐에 스며들고 있다.

아직 내가 들려줄 이야기들은 너무 많다. 아파트 단지 내에서 알게 된 소중한 인연들 이제 그 시작일 뿐이다. 인연은 그냥 가만

히 있는다고 해서 절대로 그다음 단계로 나아가는 자동부산물인 것이 아니다. 은행에 저축하는 것처럼 정말 부단한 노력을 통해 그러한 인간관계가 다음으로 나아갈 수 있도록 만남을 지속해야 한다. 그런 면에서 만난 횟수가 늘어가는 친구에게는 더더욱 마음의 평화와 위로를 느끼고 그들에 대해 애정을 갖게 된다. 뒤늦게 만났고 전혀 기대치도 않았던 아파트 단지 내의 사람과의 인연에 난 다시금 의미를 부여하기 시작한다. 그들이 전해주는 살아가는 삶의 이야기는 무궁무진할 것이며 자신을 내려놓고 늘 상대방의 눈높이에서 함께 하고 그들의 이야기를 내 이야기처럼 진솔한 마음으로 들어준다면 우리는 모두 찐친함으로 더 아름답고 멋지게 세상을 살아갈 수 있을 것이다.

4월의 막바지를 향하는 이 시점에서 난 다시 나의 삶에 감사를 드린다. 늘 그러하듯 아내는 인제 그만 쓸데없는 짓을 하라고 조언 아닌 조언, 잔소리 아닌 잔소리를 하지만 최근 아파트 단지 내 사람과의 만남이 잦아지긴 했지만 그래도 더더욱 즐겁게 생활하는 나를 보면서 이제는 그냥 재밌게 잘 즐기고 오라는 말을 건넨다.

아직 1주일간의 시간이 남았는데 벌써 다음 주 만남이 기대된다. 다음에는 또 어떤 일들이 기다리고 있을까? 새벽 일찍 일을 떠나는 판형님이 남긴 메시지가 기억된다. '너무나 같이하고 싶었지만, 새벽일 때문에 함께 할 수 없었다'는 그 말이 유독 마음에 진하게 여운을 남기는 것은 비록 함께하지는 못하지만, 마음으로는 같이 하고 싶었음을 난 너무나 잘 알기 때문이다. 세상은 여전히 살아갈 만한 인간미 넘치는 세상이라고 생각한다. 다음에는 더 웃음꽃 피는 모임을 상상해 보며 난 어느새 벌써 기쁨의 나래를 펼치고 있다.

그런 판형님과 다시 5월 말에 조우했다. 처음에는 판형님이 너무나 특이하다는 생각이 들었다. 생전 처음 보는데 마치 몇십 년을 함께 한 사람처럼 이름을 부르고 훅하고 들어온다. 과연 같이 계속 만남을 유지할 수 있을지 첫째 날은 밤에 잠을 이룰 수가 없었지만 이후 형님이 남긴 잔상은 정말 강해서 수시로 뇌리에 떠올랐다. 남자끼리의 만남은 우선 호칭 정리부터 이루어져야 그다음 발전이 있는데 나이에 맞게 처음 보는 순간부터 호칭 정리를 깔끔하게 해서 나이가 한 살이라도 많으면 형이라고 정리를 해버리니 그다음부터는 비교적 쉽게 인간관계가 성립되는 것 같다. 그렇게 형, 동생 정리가 되고 나면 아무래도 서먹함이 줄어들어 빨리 친해질 수 있다. 이렇게 맺어진 인연으로 판형님이 다시 소개해 준 카이스트 출신의 삼성 전략연구실 기성이를 만나서 살아가는 이야기를 진솔하게 하면서 참 돈독한 인간관계가 맺어졌다. 물론 나는 판형님과 기성이의 오랜 세월이 맺어준 그 관계에 쉽게 들어갈 수는 없다. 특히 판형님의 어머님께 돌아가셨을 때 그 먼 길을 달려와 며칠을 함께 해준 기성이에 대해 형님이 갖는 애정은 남달랐다. 인간관계는 특히 애사를 얼마나 함께하느냐에 따라 또 다른 면이 형성되는 것 같다. 그날의 추억을 되살리며 형님은 기성이의 잠든 얼굴을 애정어린 마음으로 쓰다듬어 주고 있었다. 참으로 보기 좋은 브로맨스라고 한다. 다가오는 6월에는 강원도 양양으로 이전에 살던 아파트에서 친하게 지내던 멤버들이랑 여행을 1박 2일로 다녀온다고 한다. 참으로 멋지고 부러운 브로맨스의 끝판왕이라고 생각한다. 다들 바쁘다고 종종걸음으로 앞만 보고 달려가는 인간 세상에서 이렇게 정을 나누고 남자들끼리의 찐 우정을 만끽하는 모습이 정말로 다정하게 느껴졌다. 이들의 아름다운 만남과 우정이 계속 지속하기를 간절히 기도해본다.

이웃사촌이라는 이름으로

어느 정도 나이들어 결혼한 후 지금까지 계속 아파트 생활만 해온 나로서는 아파트 입주민들과 교류를 한 적은 솔직히 한 번도 없다. 그렇게 소통을 외치면서도 아파트 위아래 분들이랑 옆집이랑 변변한 교류를 못한 항변을 하자면 굳이 그분들도 교류를 원치 않는 것 같아서 뭐하러 수고들여 친하게 지나지라는 생각도 어느 정도 자리잡은 원인으로 분석해본다.

아파트 입주까지 리더들의 행동과 팔로워들의 따름을 지켜보면서 뭔가 하나로 결속되어간다는 느낌을 많이 받았다. 입주후 거의 1년간은 전혀 나의 존재를 드러나지 않은채 가만히 지켜보았다. 코로나라는 변수가 크게 작용한 탓도 있지만 섣불리 존재감을 드러내서 불편함을 감수하는 것도 그다지 바람직하지는 않다고 사료한 탓도 있으리라 생각한다. 뭔가를 새롭게 만들고 개척해나가는 입대위의 모습에서 어느 순간 나도 마음이 열렸다. 간단히 식사를 한 후 한 두명씩 친분을 쌓아가게 되고 그렇게 짧은 시간이지만 마음의 문을 열면서 결속력을 다지게 되었다.

이런저런 이유가 있겠지만, 돌아가신 어머님의 손맛을 가장 많이 물려받았다고 생각하는 나는 주변에서 부잣집 맏며느리 또는 종갓집 맏며느리를 능가하는 큰손으로 불리며 뭔가 맛있다고 생각되는 것이 생기면 주로 절친들과 나누고자 노력했다. 친한 동생은 아무리 멀리 떨어져 있어도 전화 한 통이면 냉큼 달려와서 반찬을 가져가곤 했는데 얘기를 들어보니 그 동생의 부모님께서 내가 만든 반찬을 너무나 좋아하신다는 것이었다. 뭐든 만들어 드리는 것은 최고라고 극찬하며 이렇게 받기만 해서는 안된다고 맛있는 것 사주라고 한다는 것이었다. 그 동생 역시 곰곰 생각하면 주변에 늘 나누기를 좋아하는 캐릭터이다. 특히 옷선물을 많이 하기로 유명한데 그 옷도 저렴한 것이 아니라 기본 100만원 단위를 넘어가는 선물이어서 처음에는 이런 것 받아도 되는지 부담스럽다가도 어느 순간 그 동생의 마음을 이해한 이후로는 나 역시 내가 가진 고가의 명품 브랜드의 입지 않는 옷을 비롯해서 장래 래퍼를 꿈꾸는 그 동생 아들을 위해 밍크코트까지 선뜻 줄 정도로 친함이 더해졌다. 어느 날은 가진 옷 중 거의 50벌을 준 기억이 난다. 체형이 수시로 변해서 살을 뺐다가 또 어느 순간 쪘다가 하기에 옷이 종류별로 다채롭다. 우스개 소리로 이 옷만 사지 않았어도 왠만한 집 한 채는 샀을 정도로 옷이 많기도 하다.

어제 창규가 증편을 어디서 사왔는지 따끈따끈한 상태로 배달해준데 이어 오늘은 재규가 당뇨인들도 먹을 수 있다는 설탕이 가미되지 않은 건강식 과자를 한 보따리 사서 문앞에 놓고 갔다. 그 언젠가는 중제 마나님께서 맛있는 쿠키까지 선물해주셔서 너무너무 감동을 받았다. 사실 나는 김치며 밑반찬을 주면서 늘 상대방이 행복해하는 모습을 상상하는 것만으로도 기쁨을 느낀다. 장모님은 왜 굳이 바쁜데 일을 만들어하는지 모르겠다고 핀잔 아닌 핀잔을 주시기도 하지만 음식보다 더 정성이 들어가는 것은 없다고 생각해서 온갖 산해진미를 넣어서 정성껏 반찬을 만든다. 고추도 엄선된 것을 골라서 구매하고 참기름 및 참깨 역시 특정지역에서 직접 사와서 먹고, 생선도 강릉에 가면 현지에서 사온 싱싱한 놈으로 사와서 김치를 담그는데 시원함과 감칠맛을 위해 사용한다. 난 절대로 소금에 배추를 절이지 않는다. 짠 것을 싫어하기도 할뿐더러 소금에 절이면 상큼한 맛이 떨어지므로 그냥 절이지 않은 배추를 겉절이 형태로 버무려 양념이 자연스럽게 베도록 하여 시원한 맛이 나도록 한다. 오이소박이도 뜨거운 물에 오이를 살짝 데쳐 물러짐을 방지한 후 온갖 양념을 버무려 상큼한 맛을 자아내도록 유도한다.

흔히들 세월이 지나도 잊혀지지 않는게 밥정이라고 하는데 이렇게 음식을 나누면 정이 배가된다고 생각한다. 특히 요즘처럼 인스턴트 음식이 만연하고 나 역시도 바쁘면 의존을 하지만 그래도 시간이 되면 가급적 정성을 들여 우리 엄마가 예전에 하신것처럼 엄선된 재료로 음식을 만들면서 나눔의 기쁨을 가지고자 노력한다. 요리하는 시간을 부족한 잠을 메꾸는데 할애하는 것도 큰 행복이겠지만 우리집은 물론 기왕 하는 것 좀더 넉넉히 해서 이웃과 정을 나누는 것도 의미있는 일이라고 생각한다. 하루가 멀다하고 쏟아져 나오는 인스턴트 세상에서 때로는 시간을 들여 음식을 하나하나 만드는 과정도 나름 의미있다고 생각하며 난 오늘도 시장장바구니에 넉넉히 오이소박이에 필요한 오이를 잔뜩 담아넣고 있다.

다들 너무나 감사한 점은 내가 정성스레 만든 김치며 오이소박이를 먹고 난 후 감사의 마음을 작게나마 표현하고 카톡을 통해 너무나 잘 먹었다는 감사노트를 보낸다는 점이다. 누군가가 행복하게 먹었을 생각을 하면 그것만으로도 난 무한 감사를 드린다. 어느 날, 창규는 맛있는 방금 만들어 가져온듯한 증편을 문앞에 놓고 갔는데 어찌나 맛있던지 온 가족이 맛나게 먹은 기억이 난다. 재규는 형을 생각해서 준비했다면서 무가당 영양과자를 어디 박람회장에서 사왔다며 역시 문앞에 놓고 갔다. 매일 직장동료 및 후배들과 술을 먹느라 제대로 붓글씨를 쓰지 못했다며 언젠가 큰 맘먹고 썼다며 정성스레쓴 붓글씨를 카톡으로 찍어보냈던 기억이 난다. 내가 베푼 작은 정성에 감동의 화답을 보내주는 것만 해도 난 너무나 행복한 내 일상의 일부분을 장식했다고 생각한다.

굳이 무언가를 알아주지 않아도 난 이미 내가 무언가를 만드는 과정에서 그리고 이로 인해 상대가 작은 행복을 느꼈다면 난 이미 이에 대한 무한한 보상을 받았다고 생각한다. 도란도란 이웃간의 정을 쌓고 만들면서 이렇게 나의 삶은 영글어져가나 보다.

죽도록 아프지만 그래도 모임약속은 지킨다

나름 건강한 체질이라 1년에 감기 한 번 안 걸리고 제대로 잘 버티는 편이다. 내가 가장 싫어하는 게 몸살인데 나름 몸살을 앓기 전 필요한 조처해서 그렇게 취약하지 않는다고 생각한다. 이번 주 월요일, 판형님으로부터 갑자기 연락을 받았다. 이것저것 사정을 말씀하시는데 날 아마도 보고 싶어 한다는 생각이 들었고, 피부과 진료를 받자마자 부리나케 형님과의 약속장소인 한우전문점 풍경으로 향했다. 사실 당일 피부과 IPL을 비롯한 각종 시술을 받아서 술을 마시면 안 되는데, 나도 아마 제정신이 아닌 듯 홀려서 그렇게 약속장소에 갔다. 이제 코로나도 어느 정도 끝나는 상황이라 다시 대면활동을 재개해야 하기에 나름 신경을 써야 한다는 생각이 들었다. 오랜만에 시술을 받아서인지 더 아프게만 느껴졌고 진정 팩을 사용해서 진료했음에도 여전히 얼굴이 따끔거리고 부어오름을 느꼈다.

판형님은 낭만 오빠라고 한마디로 정의할 수 있다. 사람 좋아하고 잔정 많고 사람들을 배려하는 큰형님의 이미지이다. 첫 만남에서부터 조금 당혹스러운 면은 있었지만, 이제는 판형님의 대인 기법을 그대로 따라 하고 있다. 사실 중년의 남자들이 만나 형식적인 존댓말을 사용하다 보면 절대로 친해지지 않는다. 판형님은 처음 보는데 반말로 친근감을 드러냈고 사실 살면서 최근 나의 이름을 막 대놓고 부른 때는 없기에 너무나 당혹스러웠지만 나름대로 매력이 있다고 생각했다. 이후 사람들과 만남에서 한 잔 두 잔 술잔을 기울여감에 따라 나 역시도 급속도로 친해지는 방법인 상대방의 이름을 마치 동심으로 돌아간 듯 부르곤 했다. 덕분에 상당히 이른 시간 안에 친해졌다고 생각한다. 어린 시절에 친구를 사귀면 금방 친해지는 이유가 바로 호칭이랑 높임법에 있어 편하게 대하기 때문이라 생각한다.

풍경에서 형님이랑 '화요'를 정말 물 마시듯 거침없이 마셨다. 당일 피부과 진료를 받아서 절대 마시면 안 되는데 왠지 모를 날씨가 주는 묘한 기분에 취해 또한 형님과의 진솔한 대화를 통해 술을 진짜 술술 마시게 되었고 급기야 한참의 시간이 지난 후 평소 판형님이 그토록 아낀다던 동생을 불러서 얼굴 한 번 보기로 마음먹었다. 사실 갑작스러운 전화를 받게 되면 웬만하면 핑계를 대면서 오지 않는데 이날 기성이는 형님의 전화에 한달음에 달려왔고 그런 기성이가 참으로 매력 넘친다는 생각이 들었다. 이렇게 찐 우정이 참으로 보기 좋았다. 사실 살아온 환경이 너무나 달라서 교차점이 있을까 싶었지만 그래도 셋은 화요에 풍경의 한우에 인생을 도란도란 이야기하며 월요일 밤을 하얗게 불태웠다.

대리운전을 기다리면서 바라본 하늘은 그렇게 정감 있고 친근하게 느껴질 수 없었다. 그런데 사건은 다음날부터 시작되었다. 오랜만에 게다가 피부에 상처를 낸 가운데 마신 알코올은 나의 몸에서 심한 부작용을 일으켰고 게다가 새벽녘 원고 마감이 겹쳐 밤잠을 설친 탓에 다음 날은 완전히 넉 다운이 되어버렸다. 거짓말 하나 하지 않고 손가락 하나 들 힘도 없었다. 일명 술독이 발병한 것이다. 술독은 나의 화요일을 고스란히 빼앗아버렸고 수요일 아침까지도 계속되었다. 이쯤이면 병원을 찾아 진료를 받았을 상황인데도 왠지 병원 갈 힘조차 없다는 핑계를 대며 그냥 소파에 뒹굴고 있었다. 수요일은 벌써 몇 주 전에 약속한 아파트 동생들과의 번개팅이 저녁에 약속되어 있어서 과연 갈 수 있을지 벌써 걱정이 되었다. 그렇다고 폭파하고 약속을 파투낼 수도 없어서 제발 오후까지 컨디션이 회복되어 이들과 만남을 무사히 가질 수 있기만을 간절히 기도드렸다.

당일 강서고 총동창회 골프모임의 총무를 맡고 있던 알람탐 재규가 일찍 스케줄을 마쳤다며 단톡방에 연락을 남겼다. 호스트인 나보고 장소를 정하라고 해서 깐부치킨보다는 청춘 맥주가 좋을 것 같아 이곳에서 6시에 모임을 하기로 했다. 사실 총 5명이 모이기로 했는데 정작 모임 장소에 갔을 때는 미니유니 상철이와 알람탐 재규 그리고 나만이 한동안 이런저런 이야기를 했다. 다른 멤버들은 개인적인 사정으로 조인할 수 없다고 하길래 오히려 셋의 오붓한 모임이 더 좋다고 애써 위로하며 정말 오랜만에 깊이 있는 이야기를 나누었다. 사실 모임에 멤버가 많다 보면 그냥 겉도는 이야기만 삼삼오오 하게 되는데 아무래도 3명이 모이다 보니 이런저런 마음에 있는 이야기들을 하게 되어 너무나 감사한 생각이 들었다. 특히 미니유니 상철이의 와이프가 놀랍게도 패션 디자이너라는 사실이 가슴에 와닿았고 그래서 상철이가 옷 입는 매무새가 남다름을 알게 되었다. 타임을 거쳐 현재 쉬즈미스에서 활발하게 활동하는 상철이 와이프의 쉬크한 모습도 나름 기대해 본다. 성격이 너무 좋다고 자랑하는 상철이의 얼굴에 미소가 가득하다. 또한, 재규는 자신의 이름과 관련하여 박정희 대통령과 김재규의 관계를 언급하며 자신의 이름과 관련된 애틋한 에피소드를 많이 전해주었다. 그 중 인상적인 것은,

"너 재규! 왜 박정희 대통령을 암살했어?!"

어린 재규가 얼마나 힘들었을지 가히 짐작이 가고도 남음이 있다.

얼마의 시간이 지난 후 우유파파 창규가 오늘 올 수 없다며 단톡방에 글을 남겼다. 전 아이스하키 대표선수였던 창규와는 사실 교차점이 없어서 지난번 만남 이후로는 전혀 개별적인 모임이 이루어지지 않아 늘 아쉬웠던 마음이었는데 그래도 비록 투표에 응하지는 않았지만 모임에 조인할 수 없음에 미안해하는 마음에 한 쪽이 따뜻하게 느껴졌다. 창규와는 아직 한 번밖에 모임을 하지 않아 아직 잘모르지만 그래도 참 좋은 친구임에는 틀림없다는 생

각이 들었다. 여행을 좋아해서 무려 40여 나라를 다녔다는 그 찐한 한 마디 말에 충분히 창규를 이해하고도 남음이 있었다.

마치 예전에 친구찾기 프로그램처럼 시간이 지나면서 한 명씩 조인하기 시작했다. 먼저 꼬꼬 승태가 나타났다. 제주도 출신이라며 자기를 소개한 승태는 4.3 항쟁이 갖는 의미, 그리고 이로 인해 자신의 조부모님을 비롯한 가족들이 안타깝게 ..... 사실 4.3 항쟁은 우리 역사에서 가슴 아픈 한 부분으로 다시 역사적 조명이 필요한 부분이라고 생각한다. 물론 최근에 어느 정도 알려지긴 했지만, 여전히 우리가 모두 관심을 두고 살펴보아야 할 부분이라는 생각이 들었다. 이런저런 꼬꼬랑 나눈 이야기 중 가슴에 와닿는 이야기는 늘 약자의 편에서 그들이 왜 그런 행동을 하는지 이해하고자 하는 마음이 필요함을 역설했고 다둥이 아빠로서 세상에서 가장 행복했던 일이 바로 자녀를 키우는 일인데 현재 3명의 다자녀가 있음에도 앞으로 2명의 출산계획이 더 있다는 말에 진정한 애국자임을 인정하게 되었다. 사물을 바라보는 승태의 태도와 가치관이 유독 청춘 맥주의 음악에 잘 어울린다는 생각이 들었다. 언젠가 '1987' 영화를 보면서 나의 과거를 떠올리게 되었고 당시 최루탄이 난무하는 가운데 교내 도서관까지 백골단 정경들이 들이닥치고 여학우들이 치마에 돌과 화염병을 담아 이들과 대치했던 기억이 난다. 매캐했던 그 연기는 1992년이 되면서 새로운 신세대인 X세대의 등장으로 쇠퇴하긴 했지만 뜨거운 여름

날, 서울의 화끈거리는 아스팔트 위를 짓밟던 탱크와 구국의 열정으로 학업을 내팽개쳐가면서까지 나라를 위해 젊음을 바쳤던 학우들의 모습이 겹친다. 나는 나약한 지식인으로 늘 먼발치에서 지켜보아서 뭐라고 할 처지는 못 되지만, 당시 내가 바라본 그 친구들은 도대체 얼마나 자신의 사상과 가치관이 확립되었으면 저렇게 할 수 있는지 그저 놀라움과 경이의 대상일 뿐이었다. 가끔은 그러한 투쟁에 참여하지 않는다는 이유로 강의시간에 자아비판을 당하기도 했지만 돌이켜보면 그 시절은 아련한 추억 일부로 고스란히 남아, 난 아직도 간절한 마음으로 그리워하고 있음을 알게 된다. 민주주의가 결코 쉽게 만들어지지는 않았다. 당시엔 학교 갈 때, 길거리 전경들이 행여 가방에 불온서적이나 삐이라 같은 것을 갖고 다니지는 않는지 검열까지 했을 정도이니 지금 생각하면 말도 안 되는 그 시절만의 분위기였다고 생각한다. 이러한 부분들에 대해서는 훗날 다시 하나의 섹션으로 말할 기회가 오리라 생각한다.

아련한 애상에 젖을 무렵, 노란 셔츠를 입은 우진이가 나타났다. 사실 동대표에 나온 우진이를 엘리베이터에서 본 적은 있지만, 실물은 처음이라 많이 놀랐다. 사진보다 실물이 너무나 어려 보여서 놀랍기도 했고 40이 넘는 나이에 아직 동심을 간직한 듯한 우진이의 해맑은 표정과 이 자리에 오기까지 다소 용기가 필요했지만 와서 너무 좋다는 그의 말에 먼저 손 내밀기를 실천하는 그의 모습이 아름다웠다. 이렇게 용기를 갖고 온 동생들에게 내가 감든 생선살이 듬뿍 들어간 맛있는 김치와 오이소박이를 가져다주기로 약속했는데 몸이 회복되지 않아 당장 실천은 못하지만 곧 쾌차하면 반찬나눔을 하고자 한다. 그냥 누군가가 나의 정성이 들어간 반찬을 맛있게 먹어주면 행복한 마음이 드는데 비록 몸은 힘들고 구순 되어 가는 장모님의 잔소리를 가히 유쾌하지는 않지만 다 나를 걱정하는 마음에서 하시는 말씀임을 알고 그냥 그러려니 받아들인다. 도대체 고춧가루가 집에 남지를 않는다면서 100근 가까이 산 고춧가루가 어느새 바닥이 났다며 장모님은 걱정을 하신다. 그냥 웃으면서 그 정도는 걱정하지 않을 정도로 경제적 여유가 되니 걱정하시지 않아도 된다고 말씀 드리는데 아무리 연세가 드셔도 마냥 내가 하는 일이 철없는 아이의 행동으로 걱정이 되나보다. 곧 매실이 나오면 또 매실청을 담궈서 맛깔나는 고추장을 담글 계획이다. 매실고추장으로 떡볶이나 무침회를 만들면 그 이상 행복한 맛이 나올 수 없을 정도로 최상이다. 벌써 입가에 침이 고인다.

우진이 뒤를 이어 나타난 텅빈 관중은 이름 자체에서 풍기는 아우라가 남다를 정도로 유쾌함이 샘솟는 친구였다. 연신 늦어서 죄송하다며 고개를 숙인 막내 넨네아빠 충민이와는 동향으로 관중과 충민이는 서로 통하는 게 많다는 생각이 들었다. 호주에서 워킹홀리데이를 경험한 관중은 원어민이 하는 발음을 알아듣는데 상당한 시간이 걸렸다는 이야기를 전하며 자신의 경험을 소탈하게 전해주어 웃음을 자아냈다. 그리고 오늘 다른 스케줄을 다 비웠음에도 갑작스러운 임원 호출로 늦게 도착하긴 했지만 그래도 모임에 대한 열정으로 9시 반 경 나타난 충민이는 특유의 입담으로 우리 모두를 웃음도가니로 몰아넣었다. 은근 자신의 활약상을 알려주기를 바라는듯한 귀염이 넘치는 그의 말을 빌자면 최근 영업실적을 조기달성 하는 성과를 통해 삼성생명에서 보내주는 포상휴가로 태국으로 가게 되었다는 말을 익살스럽게 전해주었다. 사실 충민이를 아직 잘은 모르지만, 평소 단톡방에 매일매일 이른 아침 필요한 정보와 날씨를 전해주는 노력만으로도 거의 열정을 가히 짐작함이 남음이 있다. 혹 보험이 필요한 분들이 있다면 충민이를 적극적으로 추천하고 싶다는 생각이 살짝 들었다. 게다가 특유의 밝은 넉살로 나중에는 자신이 백숙을 대접하겠다며 너스레를 떤다.

아무래도 모임에서 가장 연장자이다 보니 내가 주머니를 열게 되는데 더치페이가 좋긴 하지만 아직은 이러한 한국의 문화에 더 익숙해서 그런지 계산대로 향했다. 그런데 알고 보니 미니유니 상철이가 먼저 중간정산을 한 것이 아닌가? 참으로 그의 아름다운 행동이 멋져 보였다. 이렇게 술을 마시는 가운데 어떻게 중간정산을 할 생각을 했을까?

돌아오는 길에는 으레 아이스크림 가게에서 마치 어린 시절 동네 친구들이 아이스크림을 하나씩 빨면서 동네를 활보하는 느낌으로 무인 아이스크림 가게에서 아이스크림을 하나씩 사서 입에 넣고는 그 달콤함을 즐기며 또다시 이야기를 이어나갔다. 알람탐재규가 비싼 것 실컷 먹으라며 하겐다즈 아이스크림을 유독 강조하는 멘트를 유쾌하게 친다. 비싼 아이스크림을 동생이랑 형에게 사주고 싶어하는 그의 마음씨가 느껴졌다. 꼬꼬 승태는 연신 '이게 가능한 일이냐?'며 '어떻게 술을 먹고 모두 같이 한 아파트로 갈 수 있냐?'며 지금, 이 순간이 아주 감동적이라고 했다. 사업수단이 뛰어나 보이는 넨네아빠 충민이는 연신 자신이 아파트 단지 내에 무인 아이스크림 가게를 개점하고 싶다고 했는데 브랜드 없는 가게는 들어올 수 없다는 시행사의 무차별적인 공격에 자신의 꿈을 접었다면서 아쉬워했다. 사실 개인적인 바람으로는 하루빨리 아파트 상가가 구색을 갖춰 잘 채워지길 바란다. 단지 내에 호프집이 있다면 굳이 역까지 안가고 단지 내 상가에서 가볍게 한잔 할 수 있는 것이다. 김밥집이며 간단한 술을 즐길 수 있는 포차도 적극 환영인데 분양은커녕 임대도 하지 않는 시행사가 더더욱 얄밉게 느껴지는 것은 나만의 착각이 아니었다.

집에 돌아와 누우니 동생들과 만남이 즐겁지만 목청껏 소리를 지르며 화려하게 젊음을 불사른 탓인지 아예 완전히 실신 그 자체이다. 밤새 잠을 이루지도 못한 채 끙끙 앓으며 다음날까지 지속한 걸 보면 역시 내 체력도 이제 고갈되어가나 보다. 도저히 견

디다 못해 링거를 맞기로 했다. 병원 가는 힘도 없어서 겨우겨우 아픈 몸을 이끈 채 병원으로 향했고 걸어가기 뭣해서 결국 카카오 자전거 페달을 밟으며 병원으로 향했다. 이 나이에 자전거를 타는 느낌은 상당히 신선하고 새로운 경험처럼 느껴졌다. 예전에 자전거를 배우면서 다리에서 떨어져 죽다 살아나기도 했는데 그 덕분에 자전거는 참 잘 탄다. 1500원의 교통비가 나왔는데 가까운 거리를 가기에는 부담 없는 가격이라는 생각이 들었고 그 아픈 몸에도 발은 페달의 감각을 기억하고 있어 죽도록 밟는 모습에 너무나 추억어린 여행이었다고 생각한다.

글의 모미에 이렇게 썼다. 이제 내가 할 일은 여기까지이고 이러한 모임을 계기로 좀 더 젊은 세대분이 더 많은 모임을 가지면 좋겠다는 바람을 피력했다. 아파트 콘크리트가 아닌 사람살이나는 그리고 인간미 넘치는 아파트문화를 새롭게 정착시키기 위해 모두 한마음으로 노력할 수는 없지만 그래도 한 공간을 공유하는 구성원으로서 노력한다면 이렇게 삭막한 세상에서도 서로 마음을 나눌 수 있는 따뜻함이 넘치리라는 생각이 든다. 변화하지 않는 혁신은 아무런 의미가 없다. 그렇다고 그러한 변화가 아무런 노력 없이 그냥 입으로만 염불한다고 절대 이루어지는 것도 아니다. 서로서로 조금씩 마음의 문을 열고 낯섦에서 이제는 조금은 먼저 손 내밀기를 통해 상대에게 다가가고자 노력할 때 아름다운 세상을 우리 자녀들에게 물려줄 수 있으리라 생각하며 감동을 마쳐본다. 죽을 것처럼 힘이 없지만 그래도 자판에서 내 마음을 드러내는 글을 쓰고 있는 것을 보면 어제 미니유니 상철이가 한 질문인 어떤 일을 할 때 가장 행복하고 재밌냐는 것에 대해 자신 있게 말할 수 있을 것 같다.

"난 글을 쓸 때 가장 행복해!"

인연의 소중함 그리고 생일잔치

기다려도 기다려도 멤버들이 오지 않았다. 원래 약속 시간보다 너무 일찍 오는 성격 탓도 있지만 언젠가부터 코리언타임이 사라졌나 싶더니 다시들 시간약속에 무디어진 느낌이다. 사실 이 약속을 정하고도 나 역시 언제 어디에 했는지 기억도 나지 않아 카톡방에 재차 약속장소를 물은 지도 모른다. 회원카드가 있어서 그나마 할인혜택을 받았는데 워낙 이런저런 카드가 많아 어디가 어디인지 분간도 가지 않았다. 언젠가 르메르디앙 호텔에서 식사를 했던 기억이 있는데 이후로 알로프트에서 종종 모임을 가졌고 이번에는 노보텔인데 온 것 같다는 생각은 들었지만 알고보니 그냥 혜택을 흘려보내다가 이번에 간신히 혜택을 본 것 같다. 그런데 이러한 사소한 혜택이 무슨 의미가 있단 말인가? 난 지금 이곳에 나혼자 6인용 테이블을 차지하며 쓸쓸히 자리를 차지하고 있는 것이 아닌가? 그러면서도 8인이 되어야 예약가능하다는 룸이 탐나서 8인을 어떻게든 채워 좀더 근사한 룸에서 식사할 걸이라는 생각이 순간 뇌리를 스쳤다. 강남 정확하게 신논현 한복판에 위치한 노베텔은 뷔페가 그렇게 많은 인원을 수용하지 않으면서 정갈하게 나와 나름 미식가들에게 인기있다.

기다려도 오지 않는 멤버들 덕분에 배불리 혼자 잘 먹었다. 원래 젊었을 때는 누군가를 기다리면 올 때까지 음식을 입에 대지도 않았는데 나이가 들면서 그러한 소심함은 사라지고 당당히 나 혼자 잘 챙겨 먹는다. 하지만, 마음 한 켠에는 '왜 굳이 이런 자리를 마련했을까?'라는 부질없는 생각이 뇌리를 스쳐갔다. 갑자기 자괴감이 들면서 두 번 다시 예약하지 않으리라 다짐했다. 하긴 내 잘못이 크다. 7시로 약속을 잡고 6시에 나타나길 기다리다니 어불성설이다. 직장인들이 마치는 시간이 6시인데 어찌 6시에 날아온단 말인가? 그냥 요즘 느끼는 건데, 하루에도 수십 번 감정 기복이 심하다. 항암치료를 하는 아내 덕분에 은근 스트레스가 쌓이나 보다. 아침 아니 새벽부터 일어나 환자를 돌보는 일이 결코 쉬운 일은 아니다. 낯선 사람을 집에 들이기도 뭐해서 내가 모든 일을 도맡아 하는데 그러다 보니 체력에 한계가 오는 것 같다. 하지만, 어쩔 방법이 없다. 내가 강해져서 이 위기를 극복해야 하기에 그냥 운명처럼 받아들인다.

신선한 해산물이 가득한 노보텔 뷔페는 나름 고급지다. 화려한 메인 디쉬는 없었지만 나름으로 구색을 갖춰 찜 전복이랑 새우 가리비 등 미식가들을 유혹하기에 충분했다. 처음에는 기다리다 먹으려고 했지만, 텅 빈 테이블에 초라하게 기다리는 게 비참해서 차라리 먹는 걸 선택했다. 두 접시를 얼추 먹고 나니 이내 배가 불러 가만히 앉아 글을 쓰기 시작했다. 종일 발을 동동 구르며 이

일 저일 처리하느라 눈이 따갑다. 쉬고 싶다. 그래도 올 때까지 기다려야지!!

간혹 차가 막힌다는 둥 이제 마쳤다는 둥 카톡이 날아온다. 하긴 나도 예전 직장생활 할 때는 언제나 이런 고민이 깊었다. 어느 약속을 하나 정하면 쉽사리 그 시간에 도착하지 못해 직장인의 비애를 느끼곤 했다. 이제 자유의 몸이 되고 보니 예전의 기억은 다 잊어버린 듯하다.

얼마 동안 자리를 차지하지 않았던 공간에 어느새 손님들로 가득하다 친정아버지와 찾은 딸의 모습, 외국인 친구끼리 오붓이 즐기는 모습, 룸에서 단출하게 회의하듯 즐기는 모습, 자녀를 데리고 온 가족 단위 모습 등 다채롭다. 굳이 밖을 쳐다보지 않았다. 왠지 누군가를 기다리는 내 모습이 초라하게 느껴질 것 같아 애써 핸드폰을 만지면서 기다림의 시간을 즐겼다. 기다리는 1시간이 그렇게 길 수가 없었다. 이를 미리 예견이라도 하듯 신경이 계속 날카로웠나 보다. 뭔가 불안한 느낌엔 어김없이 신경이 곤두서곤 하는데 아마도 나의 사소한 불행마저도 내 신경 세포는 이미 이를 감지하여 대처하는 모양이다. 이제 배부르고 나니 모든 게 그저 덧없다는 생각이 든다. 바둥거리며 살아가는 나의 하루하루도 그리고 지금까지 돌이켜보면 잡힐 듯 지나버린 그 시간도 그냥 허무하다는 생각이 살짝 들었다. 중년의 갱년기라고 생각한다.

원래 잘 기다리지 못하는 성격이라 자리를 살짝 떠날까 하는 생각도 들었다. 하지만, 너무 유치한 나의 발상에 피식 웃으며 그대로 자리를 지키며 명상에 잠긴 순간,

"형님!" 어디선가 귀에 익은 목소리가 들린다. 난 20대 청년이 갑자기 나타난 착각에 사로잡히며 오랜만에 보는 현근이의 훈훈한 얼굴이 그렇게 반가울 수가 없었다. 한동안 외모 칭찬에 입이 마르지를 않았다. 현근이가 사실 화면에 나가면 정말 미남인 얼굴이다. 또렷한 이목구비가 그렇게 오늘따라 정감있게 느껴질 수가 없다. 현근이 말을 빌자면, 그저 헤어스타일만 조금 바꾸었을 뿐이라고 하는데 그렇게 큰 차이를 만든다. 말쑥하게 차려입은 옷매무새는 정말 대륙아주의 스타 변호사를 실감이 나게 하는 멋진 모양새를 그대로 드러내 보이는 참모습 그 자체이다. 무겁게 양손에 선물 가득 들고 나타났다. 케익을 힘겹게 준비해서 사 온 그 정성이 파노라마처럼 지나갔다. 케익을 사기까지 수많은 고민을 하고 이날을 위해 또 정성껏 준비했다가 들고 왔을 현근이의 따뜻함이 그대로 가슴에 고스란히 전해져왔다.

현근이가 아무래도 자신의 직업이 변호사이다 보니 때로는 냉철함이 많이 필요로 하기에 평소에도 이러한 면이 묻어나지만 내가 겪은 현근이는 참 정 많고 따뜻한 의리 깊은 사람이다. 굳이 많은 말을 하지 않아도 늘 무언가를 표현하려는 그의 마음에 감동하는 순간, 어디선가 훤한 후광을 드러내 보이며 멋진 여인이

나타나고 있었다. 사실 우리 모임의 유일한 여성 멤버이자 늘 여신으로 등극하며 모임에 적극적인 보경 변호사이다. 사실 마스크를 낀 채 헤어스타일도 평소와 달리 자연스럽게 내린 모습이 유난히 멋짐을 뿜뿜 자랑했다. 마스크를 벗자 물광을 한 듯한 눈부신 피부가 감탄을 내기에 충분했다. 현근이의 말을 빌자면 늘 설렘을 주는 그런 인물이다. 게다가 마음 씀씀이까지 따뜻해서 그녀의 말을 빌자면 최고가의 방향제에 작년에 이어 올해에도 수제 케이크를 준비해와서 감동을 주었다. 하우스 변호사로 잘나가는 그녀이지만 모임에서는 늘 따뜻하고 정감 있는 말투로 뭇 남성들의 마음을 흔드는 재주가 있다. 유부녀라고 하기엔 전혀 믿기지 않는 외모에 소싯적 뭇 남성들을 많이 울리지 않았나 그냥 짐작만 할 뿐이다. 하지만, 갑자기 그녀가 전한 시누의 암 투병으로 인한 하늘나라로의 이별 여행은 슬픔을 너머 나에게는 너무나 생생한 현실의 이야기로 다가왔다. 항암표적치료를 이야기하는 가운데, 시누는 그 치료마저 잘되지 않아서 결국은 명을 달리했다며 그나마 와이프의 4차에 걸친 성공 소식에 함께 기뻐해 줬다. 이후 자신이 매니저의 역할을 담당하며 장례식장을 찾아 전국을 다니는데 심지어 해남까지 가야 할 정도의 극심한 화장터 찾기 전쟁에서 겨우 운좋게 4일째 되는 날, 서울 근교에서 화장을 할 수 있었다는 이야기를 전하며 최근 코로나로 인해 얼마나 이 신성한 죽음의 의식마저도 순조롭게 진행할 수 없는지를 이해할 수 있었다. 너무나 마음 착한 시누 이야기를 하며 그 아픈 가운데서도 절친들의 이야기를 들어주는 마음 따뜻한 상담자의 역할을 했다는 이야기를 들으며 나도 모르게 눈시울이 뜨거워졌다. 정말 하늘나라는 착한 사람순으로 먼저 데려간다는 말이 있을 정도로 베품을 많이 한 시누 이야기를 들으며 이 이야기를 반전하기 위해

"그럼 나도 일찍 하늘나라 가야 하는 것 아닌가? 나도 평생을 누군가를 위해 희생하고 살았는데...."

하는 순간, 내가 겪는 이 모든 고통이 어쩌면 생명줄을 연장하기 위한 또 하나의 장치라고 스스로 위로하며 나를 돌이켜보게 되었다. 누군가를 돌보며 캐어하는 일에 일명 진절머리가 날 법도 한데 어느 순간 보면 이를 또 긍정적으로 받아들이며 헤쳐나가고 있다. 제발 신이 나에게 건강을 허락하시어 좀 더 누군가를 돌볼 수 있는 시간을 많이 가졌으면 하는 마음도 일 순간 들기도 했다. 이야기를 전하는 내내, 눈시울이 붉어지는 그녀를 바라보며 내 마음도 애잔함을 너머 마치 내가 그 일을 겪은 듯한 감상에 젖어 들었다. 그리고 이렇게 힘겨운 이야기마저 우리들이 서로서로 공유하며 나눌 수 있음에 감사를 드렸다. 사실 나도 예전에는 이런 나의 개인적인 나름의 우울한 이야기를 안 하고 속으로만 끙끙 앓았는데 살아보니 이렇게 이야기를 함께 나눔으로써 또 누군가에게는 힘이 될 수 있고 도움이 됨을 알게 되었다. 세상 살면서 겪는 모든 어려움에 대해 굳이 미리 걱정할 필요는 없다는 말이다. 또 부딪히면 이를 극복하고 견뎌 내는 게 인간의 무한한 힘이라고 생각한다.

한참을 근황 토크를 진행하는 순간, 공무원 계의 영원한 아이돌 원이가 나타났다. 사실 원이의 동안은 늘 장점으로 작용하는데 게다가 그가 풀어놓는 입담이란 뭇 여성들은 물론 남성들의 마음조차 설레게 만드는 재주가 있다. 그리고 마지막으로 나타난 율촌의 스타 변호사 병수!! 병수하면 또 입담이 늘 구성지고 직격탄을 날리는 마력의 화법에 당당함이 뿜뿜 묻어나곤 한다. 아마 쉬지 않고 이야기를 하라고 해도 병수는 기꺼이 하리라는 생각이 든다.

어린이날을 맞이하여 강릉에 가족들이랑 놀러 가는 원이의 이야기부터 이어져 나갔다. 늘 그렇듯 오늘은 그가 어떤 이야기를 전해줄지 벌써 관심이 쏟아졌다. 오늘 원이는 자신의 아주 사랑스러운 처남에 관한 이야기였다. 아직 미혼인 처남은 원이의 왕자님들을 친자식처럼 잘 돌봐주는 정말 정 많은 아직 미혼의 총각인데 스벅에 근무하면서 계속 일을 할 수도 있지만, 아무래도 조직이 주는 스트레스 때문에 사업을 하기 위해 일을 시작했다가 가끔 실패하기도 하고 고전을 면치 못하지만 그래도 정부가 주는 지원금으로 근근이 생활을 유지하는데 우스갯소리로 정부의 세금이 너무 이런 쪽으로 세는가 아닌가 하며 너스레를 떨며 웃는다. 수익은 몇십만 원인데 정부 지원금이 코로나로 인해 엄청나게 많았다며 배시시 웃으면서도 처남에 대한 그의 무한사랑을 느낄 수 있었다. 그래서 원이는 이번 강릉 여행에 처남마저 데리고 간다고 한다. 자신의 자녀를 평소 너무나 잘 돌봐준 일종의 보상과도 같은 여행이었다. 무엇보다 코로나로 인해 바다를 보지 못한 둘째 왕자님께 태어나서 처음으로 바다를 보여주는 의미깊은 여행이기도 했다.

처남의 이야기를 잠시 빌자면 처남은 헌팅 계의 거의 황제 격인 듯싶었다. 비 오는 날, 연대 앞에 우산을 쓰고 가만히 있으면서 교문을 나오는 여학생들에게 우산을 씌워주며 번호를 따는데 의외로 거의 90% 성공한다는 것이다. 아마 훈훈하면서도 순수한 외모도 작용하는 것 같고 누가 봐도 선량한 그의 태도가 여학생의 마음을 사로잡나 보다. 이러한 처남의 사랑 이야기를 매형이나 누나에게 할 정도니 가히 보지는 않았지만 어떤 친구인지 짐작이 가고도 남음이 있었다. 원이는 늘 사랑을 꿈꾸는 친구로 이러한 처남의 사랑 이야기에 은근 부러움 반 호기심 반으로 관심을 두는 듯싶었다. 여기서 중요한 것은 원이의 사람을 끄는 화법이다. 화려하지는 않지만 잔잔하게 이야기를 전달하는 원이만의 특별함이 있다. 과하지 않고 넘치지 않으면서 수위 조절도 잘하는 원이만의 비법이 있다. 이에 비해 병수는 그냥 다이렉트 직설적으로 모든 이야기를 전달하는 스타일이다. 사물이나 어떤 현상에 대해 가감 없이 있는 그대로 일명 팩폭을 날리는 모습은 때로는 때로는 놀람 자체이기도 하지만 가식을 떨며 연기하는 모습보다는 진솔하다는 생각이 든다.

오늘도 우리 현근이는 가만히 이야기를 들으며 조용히 식사한다. 현근이한테 무슨 일이 있냐며 묻자 현근이는 그냥 엊그제 있었던 에피소드를 전하며 아직도 가슴이 벌렁거린다고 했다. 다소 화려한 나의 손가락을 보면서 자신은 결혼반지 하나도 제대로 챙기지 못해 수영장에 갔다가 잃어버렸는데 어떻게 그 많은 반지를 관리하냐며 화들짝 놀란다. 그러면서 자신이 반지를 잃어버려서 상심했는데 그러한 자신을 오히려 위로하며 따뜻하게 감싸준 제수씨 이야기를 전하며 또 한 번 나의 부러움을 자아냈다. 여느 아내 같으면 화를 낼 텐데 반지가 잃어버렸음에도 오히려 자책하는 자신을 감싸주는 아내를 보며 현근이는 마냥 행복한 소년의 삶을 꿈꾸는 듯 싶었다. 알콩달콩 살아가는 현근이를 보면서 마음 한 켠 따뜻함이 샘솟아났다. 그리고, 현근이를 보면 정말 결혼 잘했다는 생각이 든다. 다행히 이틀 정도 정말 거의 죽음에 가까운 고심과 걱정을 하며 거의 자포자기한 순간, 평소 다니는 수영장에서 누군가가 반지를 습득해서 보관하고 있으니 찾아가라는 연락을 받았다며 아직 살맛 나는 세상에 감사를 드렸다. 사실 반지는 팔려고 하면 얼마의 돈은 못 받을 수 있지만, 또 잃어버린 당사자들에게는 정말 의미깊은 보물 1호인데 그러한 반지를 돌려준 그 누군가의 가슴 따뜻함에 아직 살맛 나는 세상임을 알게 되었다. 그렇게 놀라고 걱정한 나머지 아직 입으로 음식이 들어가지만, 진정되지 않는다는 현근이의 말에 아직 현근이가 순수한 소년임을 알게 되었다. 변호사 일을 해서 그렇지 이 일을 하지 않았다면 현근이는 아마 순수한 동화작가이나 아니면 소설가가 되어 있지 않을까 그런 상상을 해 보았다.

생일이랍시고 챙겨주는 이들의 마음에 진한 감동을 받았다. 다들 바쁘고 나름 힘든 스케줄임에도 작년에 이어 올해 이렇게 챙겨주는 이들의 마음이 너무나 고맙고 따스하게 느껴졌다. 앞으로 더 잘해주라는 신의 계시로 받아들이며 케익에 촛불을 켜고 생일노래를 부르는데 사회에서 이런 모임을 할 수 있음에 감사드렸고 멀리 세종시에서 조기퇴근을 하고 강남까지 달려온 원이를 비롯하여 현근, 병수, 보경에게 진심으로 감사를 드렸다. 늘 내가 이야기하는 작은 행복이 바로 이러한 사소한 것임을 알게 되었다.

사실 고백하면 그래도 몇 달만의 만남이어서 평소 카톡을 통해 이야기를 하긴 해도 실제 만나면 무슨 이야기를 할까 나름 우려를 했는데 만나서 이야기를 하는데 끝없는 화젯거리와 에피소드에 마치 보물섬을 발견한 소년의 마음처럼 설레기 시작했다. 듣고 있는 것만으로도 기분이 좋았다. 사실 미리 2접시 식사를 마쳤기에 배가 불러 이제는 먹을 수가 없는데 곰곰 생각해보니 과식할 것을 두려워해 미리 집을 나설 때 삭센다 주사를 맞아 더 이상의 음식은 나에게 허용치 않아 아쉬웠고 대신 간식으로 안주 삼아 이야기를 듣는 데 주력했는데 오히려 더 값진 행복이었다. 어느새 시간은 9시로 흘러가고 그래도 우리의 이야기는 끊이질 않았다. 나와 원이를 제외하고 다들 맥주 한 잔 정도를 마시면서 마지막

입가심을 한 후 우린 다음 장소로 향했다. 마지막 헤어짐을 준비하는 사이, 졸작이지만 일명 팬 사인회와 같은 출판기념회를 했다. 미리 준비해온 책에 서명하면서 이들에 대한 감사의 마음을 가졌다. 그냥 갖고 다니면서 편하게 읽을 수 있는 책 사이즈로 참 예쁘게 포장되어 나왔다는 생각이 들었고 그래도 감사한 마음으로 받아주는 이들이 있어서 너무나 좋았다. 다소 서툰 글씨로 감사의 마음을 책 첫 페이지에 써가면서 많은 생각이 들었다. 인연의 끈이 지금까지 이어짐에 감사를 그리고 또 이렇게 서로의 마음을 교감하고 사소함마저도 같이 함께 할 수 있는 사이로 발전함에 깊은 감사를 드렸다.

서울 강남 하늘이 이렇게 싱그러움이 더하는 그런 낭만의 장소였나 싶을 정도로 5월의 봄 공기는 상큼 그 자체였고 도란도란 걸어가는 발걸음이 마치 어린 시절 친구들끼리 이야기하며 걷는 그런 느낌으로 다가왔다. 카페를 찾아 헤맸는데 다행히 투썸플레이스를 찾게 되어 그곳에 둥지를 털었다. 밤 9시 40분이었지만 코로나 방역지침이 달라진 덕분에 이곳은 거의 인산인해를 이루었다. 간신히 마련한 곳에서 잠시 화상으로 국제회의에 참석하는 보경의 모습에서 프로다운 멋짐을 느낄 수 있었고 아니나 다를까 병수는 연신 '누나, 최고!'라는 말을 되뇌며 그녀를 치켜세웠다. 당당한 모습과 멋진 모습에 다들 감탄을 하는 사이, 커피는 나왔고 뒤이어 살아가는 이야기를 나누었다. 어찌나 이런저런 쓸데없는 이야기를 많이 했는지 목이 아플 정도였지만 술에 취하지 않고도 나의 은밀한 사생활을 공개할 정도로 참 가까워졌다는 생각이 든다. 최근에 알게 된 판형님을 비롯한 새로운 동생들에 관한 이야기가 시작된 것은 아마 그 무렵 걸려온 판형님의 전화 통화 때문일 것이다. 참으로 표현을 잘하고 인간관계를 처음 시작하면서 곧장 호칭 정리부터 시작하는 그 형님만의 특유한 약간은 과장된 대인 기법 스타일을 언급하며 이러한 호칭이 얼마나 단기간에 사람을 가깝게 만드는지 병수는 자신이 다닌 건국대 부동산대학원의 경험을 토대로 진솔하게 이야기해주었다. 그러면서 시간이 되면 같이 만나자는 이야기도 함께 나누었다. 이렇게 또 새로운 만남이 시작되려나 보다.

서로의 이야기를 하면서도 부담스럽지 않아 좋고 오늘따라 유난히 그러한 가까움이 피부까지 와닿는 느낌이어서 좋았는데 10시 30분 무렵 다음날을 기약해야 하는 친구들이 있어서 우린 못내 아쉬운 마음에 택시를 잡고 안녕을 고했다. 돌아서는 발걸음이 떨어지지 않는 게 참으로 오랜만이었고 우린 그렇게 5월 4일 수요일의 만남을 정리하고 있었다. 현근이랑 지하철로 향하는 10분 남짓한 시간에 많은 이야기를 나누었다. 강남 한복판 대로변에 흐드러지게 피어 이제는 흩날리는 이팝나무를 보며 현근이는 자신이 고시 공부를 하면서 떨어짐에 대한 두려움으로 차마 '꽃잎이 떨어진다'라는 표현도 제대로 못 해 대신 '꽃잎이 땅에 붙는다'라는 표현을 에둘러 하면서 합격을 염원했던 시간을 돌이켜보았다. 고시생들에게는 떨어짐이 얼마나 큰 고통인지 어렴풋이나마 알기에 그리고 합격의 염원을 얼마나 간절히 했는지 알기에 현근이가 들려주는 이야기가 그대로 가슴에 와닿았다. 낭만 어린 밤공기가 피부에 살포시 내려와 와닿는데 그 느낌이 참으로 상큼하게 느껴지는 것은 지하철 가는 내내 현근이가 그 무거운 케익을 양손에 들고 같이 함께해준 추억이 도란도란 쌓여있기 때문이 아닐까 그런 생각이 들었다. 10분 남짓한 추억의 강남 거리 걷기는 그렇게 끝이 났지만 이제 이 팝나무만 봐도 현근이가 생각날 것 같다. 어느새 활력을 되찾기 시작한 강남거리가 이제는 멈춤 대신 다시 예전의 화려한 시절로 되돌아가 다시 성지로 거듭나기를 간절히 기도드린다.

많은 감정의 변화를 겪으면서 다시 평정심을 되찾은 오늘 하루는 나에게 많은 의미를 가져다준다. 5시간 남짓한 시간 동안 다채로운 감정변화를 겪으면서 다시 한번 현근이가 나에게 한 말이 기억에 남는다.

"형, 와이프가 5월이 가기 전 형 초대해서 식사 한 끼 하자고 하네요. 그런데 형이 부담스러울까 봐 누군가를 같이 초대해야겠지요?"

오늘따라 유난히 그 말이 정겹게 느껴진다. 유난히 표현이 서툴

다고 제수씨한테 조언을 여러 차례 받았다는 현근이한테 오히려 나는

"현근아! 요즘 왜 이렇게 표현을 잘해? 감동이다 감동! 음 근데, 형 혼자 가서 현근이 가족들이랑 오붓한 시간을 보낼 건데.. 얼른 스케줄 잡으렴! 형이 몸값이 비싸서 얼른 선점해야 할 거야! 이런 형이 참 뻔뻔하지?"
"형은 뭐 늘 그렇죠! 이렇게 자신감 넘치게 이야기 잘 하잖아요!"

현근이가 언젠가도 나를 초대해줘서 추억을 만들었는데 최근에는 현근이의 두 공주님이 어떻게 자랐는지 궁금하기도 하다. 어딜 가도 예쁜 옷이 보이면 두 공주님이 먼저 생각나서 사주려고 옷을 잡았다가도 너무 오버액션이 아닌가 싶어 옷을 놓은 게 한두 번이 아니다. 늘 마음 한쪽에 두 공주님에 대한 애정이 남아있기에 예쁘고 좋은 것만 보면 눈에 아른거린다.
언젠가 현근이가 보내온 동영상에, 누가 시킨 것도 아닌데,

"박사님' 또 왔으면 좋겠다. 박사님 보고 싶어요!"라는 그 문구가 늘 내 기억 속에서 메아리치곤 한다.

이제 5월에 다시 그 약속을 지키러 가야 할 듯하다. 어떻게 컸

는지 궁금하기도 하다. 서로 피를 나누지는 않았지만, 정을 나누면서 우리네 삶도 이렇게 흘러가나 보다. 또 세월이 흘러가면 우리 어린 친구들도 금세 숙녀가 되어 있으리라는 생각이 든다. 현근이 집 근처에서 좀 더 자주 만나면서 가깝게 지내는 것도 좋겠다는 생각이 든다. 그 사이 아침에 강릉행 기차를 타기 위한 준비를 한다는 원이의 카톡을 읽으며 내 마음도 그들과 함께 강릉으로 향하고 있다.

사람 살맛 나는 그런 세상인 듯싶다. 2022년 5월은 그렇게 하루하루 저물고 있지만, 사랑과 추억의 기억들은 영원하리라 생각하며 나의 아침을 마무리해본다.

Ⅳ.

사색으로의 여행

대한민국 교육에 대한 사색의 여행

여행을 하면서 만나게 되는 다양한 사람들은 나에게 늘 새로운 의미로 다가온다. 원래 성격이 낯선 사람들을 만나 이야기하는 것을 좋아하는데, 이번 여행은 특히 오롯이 우리집 빌리와 단 둘이 떠난 여행이라 남다른 감회가 새롭게 다가왔다. 사실 다른 가족들은 함께하지 못하는 이유가 있어서 아쉽지만 힐링을 위해 과감하게 준비하고 떠난 여행이다. 우리 빌리 이녀석은 집에 혼자 있기 싫어서 문밖을 나서는 나를 늘 애처롭게 바라본다. 10살이 넘은 후 더더욱 많은 생각이 들면서 가급적 우리집 빌리와 함께 시간을 보내려고 노력한다. 초롱초롱한 눈망울이 어느새 갈색빛 감도는 눈물자국으로 다소 예전의 또랑함은 사라졌지만 그래도 늘 밖에 나가면 인기가 많다. 더위에 지쳐 남애항 근처 바닷길 모래사장을 거닐다가 우연히 벤치가 보여 잠시 여독을 풀고자 했다. 이미 낯선 남녀 두 분이 자리를 차지하고 있었지만 너무나 다리가 아파 이런저런 눈치를 볼 겨를이 없었다.

"죄송합니다. 잠시만 같이 앉을께요!"

"네, 어서 오세요. 강아지가 더워 보이는데 자기야! 얼른 물 좀 강아지한테 줘!"

다소 당황한듯한 여자분에게 연신 강아지에게 시원한 물을 주라고 보채는데 사실 여자분에게도 얼음물은 없었다. 마시다 만 커피 빛 감도는 갈색 물이 플라스틱 잔에 조금 남아있을 뿐이었다. 결국, 여자분은 근처 편의점까지 가서 우리 집 빌리를 위한 물을 사 오셨다. 뜻하지 않은 호의에 깜짝 놀랐지만, 마치 오랜 친구를 만난듯한 반가움을 표시하며 자신은 철도청에 근무하는데 아직 결혼하지 않은 여자 친구랑 오랜만에 휴가를 받아 양양까지 놀러 오게 되었다고 말씀해주셨다. 현재 사는 곳은 강릉이며 여자 친구랑은 사귄 지 5년 차인데 이제 결혼할 마음을 먹었다며 50대에 이제 결혼을 결심하게 된 이유는 요양원에 계신 어머님을 돌보느라 혼기를 놓쳤다는 것이다. 원주 출신인 여성분이랑은 원주 레일바이크에서 만나 사랑을 속삭이게 되었는데 이제는 같이 가정을 꾸려도 될 것 같아 결혼을 결심하게 되었다고 하셨다. 사실 낯선 분에게 이렇게 꼼꼼한 이야기를 듣는 것은 그것도 초면에 상당히 깊이 있는 얘기를 들으면서 놀라기도 했지만, 워낙 성격이 활달하고 좋으신 분이기에 가능하지 않나 그런 생각도 들었다. 웃으면서 오늘 만남이 곧 책으로 출간될 것 같다고 했더니 오히려 영광이라며 잘 표현해달라며 크게 웃으신다. 이야기를 나누다 보니 동갑이 주는 동질감도 있었고 그러면서 꿈에 관한 이야기를 들려주었다. 그분은 고등학교 입학 전부터 철도 기장이 되고 싶은 꿈을 갖고 있었고 오로지 철도고등학교에 들어가고자 열심히 공부했는데 당시 철도고등학교가 사라지면서 어쩔 수 없이 방황하며 지내온 시간에 대해 말씀해주셨다. 부모님께서는 당시 일류대를 원하셨고 이러한 부모님과의 갈등 속에 한동안 힘든 적도 있었지만 그래도 꿋꿋하게 한 우물을 파며 지내왔고 그 덕분에 현재는 원주 철도원에서 근무하고 있다고 말씀해주셨다. 그러면서 앞으로 철도 관련 공부를 더 해서 경기대나 우송대에서 석사 공부를 하고 싶다는 포부까지 밝혀주셨다.

요즘 청소년들은 사실 어릴 때 꿈이 없이 생활한다. 무엇을 해야 할지 무엇을 잘하는지 전혀 감도 잡지 못한 채 하루하루 살아가는 것이 태반이다. 간혹 열정적인 어머님을 둔 학생들은 자신의 의지와는 무관하게 의대를 꿈꾸며 어린 나이인 7살 아니 그전부터 일명 뺑뺑이를 돌면서 의사의 꿈을 키우기도 한다. 특히 외대부고는 강남권 학부모님들에게 인기가 많은데 이유는 간단하다. 현재 10학급 중 거의 6~7개 학급이 자연계일 정도로 의대를 꿈꾸는 학생들이 많이 지원한다. 커리큘럼이 의대에 최적화되었고 거의 18년간 누적된 노하우가 대학교 관계자들에게 구미가 당기기 때문이다. 사실 이 학교를 처음 건립했을 때에는 대한민국 최고의 명문, 미국의 넘버원 보딩스쿨인 앤도버에 버금가는 국제학교를 한국에 만들어 굳이 유학이 필요 없이도 미국 아이비리그에 진학할 수 있는 명문 고등학교를 만들어 외화 낭비를 줄이자는 것도 큰 취지였다. 처음 학교커리큘럼을 만들고 기숙사 및 학교생활 규칙을 영어로 만들면서 많은 우여곡절이 있었다. 무슨 일이든 처음으로 만드는 게 쉽지는 않았다. 당시 1년 정도만 근무해야지 하던 학교생활이 너무나 기대 이상으로 잘하는 학생들이 좋아서 거의 12년 가까이 근무하면서 많은 학생을 지켜봤다. 사실 대부분은 이미 정예화된 사전 프로그램을 받고 온 학생들이어서 굳이 학교에서 많은 것을 가르쳐주지 않아도 이미 훌륭한 학생이었다고 생각한다. 이후 외대 교육대학원 교수를 병행하면서도 이 학교에 애착이 많았던 이유는 당시 석사생들보다도 어쩌면 영어구사력은 외대부고 학생들이 더 뛰어날 수밖에 없었는데 오랜 기간 외국에서 이미 생활을 해왔기에 영어만을 사용한다는 학교원칙에 더 부합했는지도 모른다. 특히 국제 반은 물론 국내반도 학교에서 휴식시간을 비롯하여 국사 및 국어 시간을 제외하고는 될 수 있는 대로 영어를 모국어처럼 사용하도록 규칙을 만들었는데 이로 인해 국내 반 졸업생들도 영어를 어느 순간, 한국어처럼 잘하는 학생들도 많았다. 국제 반은 당연히 모든 커리큘럼이 영어로 진행되었으니 두말할 필요도 없다. 언젠가 기생충에 나와서 화제가 된 샤론 최를 비롯하여 하트시그널에 나와서 장안의 화제가 된 천인우 역시 외대부고가 배출한 나름 자랑스러운 제자들이다. 천인우는 페이스북에 근무하다가 잠시 한국에서 스타트업을 한 후 현재는 스탠퍼드에서 다시 공부를 이어가고 있다. KBS 박소현 앵커를 비롯하여 SBS 백수진 기자 등도 외대부고에서 가르쳤던 제자들인데 이 친구들을 보면서 더더욱 열심히 살아야겠다는 생각을 하게 된다.

공통점은 미리미리 자신들의 꿈을 정하고 그 길을 향해 쉬지 않고 달렸기에 현재의 그들이 있다고 생각한다. 물론 대한민국 교육시스템이 미리 자신의 꿈을 정하고 고등학교에서 꿈과 관련한 과목들을 선택하게 하는데 여기에 맹점은 설령 자신이 그 꿈을 향해 관련 스펙을 쌓는다고 해도 입시에서 만일 그 정도의 내신이 나오지 않으면 절대 입시에서 성공할 수 없는 구조라는 것이다. 의대를 가고 싶어 준비를 3년 내내 해도 내신전쟁에서 간발의 차로 밀리게 되면 비록 정성적인 평가라고 해도 자신보다 우위에 있는 내신을 가진 학생한테 아무래도 밀리게 되어 원하는 대학교에 진학할 수 없게 된다. 이로 인해 혹자는 수능을 다시 100%로 부활시켜야 한다는 볼멘소리도 나오는데 단순히 문제 풀이에 익숙한 학원 형 인간을 만드는 수능 역시 현시대의 시대 흐름과는 차이가 있다고 생각한다. 문제만 잘 푸는 인간형이 과연 사회에서 어느 정도 잘 적응할지는 지켜볼 문제이다. 굳이 일류대를 나오지 않아도 각자 자신이 처한 상황에서 열심히 해서 현재의 지위에 오른 이들이 너무나 많다. 단순히 암기를 잘하고 문제를 풀어서 대학교에 가는 시대도 지금과는 잘 맞지 않기에 수시제도가 도입된 것이다. 취지는 물론 좋았는데 간혹 불미스러운 일들이 현실화하고 이슈화되어 이 역시 많은 맹점이 존재하기도 한다. 문제의 변별력을 위해 문제 같지도 않은 내신문제를 풀기 위해 학생들을 학교의 성적에 맞춰 줄 세우는 것도 다수이므로 이렇게 할 것 같으면 내신을 아예 전국적으로 통일해서 같이 보는 게 어떻냐는 얘기까지 나온다. 사실 내신은 지식의 깊이 정도를 가늠한다기보다는 누가 실수를 적게 하는지 그리고 세세한 부분까지 알아서 꽈배기처럼 꼬인 문제들을 잘 푸느냐에 승패가 좌우된다. 고등학교 1학년 1학기 기말까지 성적이 나오면 이미 대학교 서열이 어느 정도 결정되기에 학생들은 단순히 SKY만 바라본다면 이미 학교를 계속 다녀야 할지 아니면 수시 카드는 포기한 채 검정고시를 통해 고등학교 졸업 자격을 획득 후 빨리 강남 유명한 학원에서 오롯이 입시만을 위해 달려나갈지 고심하게 된다. 학생들에게 학창시절의 낭만은 사라진 지 오래다. 혹자들은 이렇게 되면 고등학교의 낭만과 추억이 없지 않으냐며 반문하는데 정작 학생들은 상위권에서 피나는 내신전쟁을 해야 하므로 고등학교의 추억도 별 의미가 없다고 하는 경우도 허다하다.

사실 교육은 어느 것 하나만으로 해법을 풀기에는 너무나 복잡한 변수들이 많이 존재한다. 교과목 선택제를 통해 미리 자신의 꿈을 키워나가라고 하는데 현실의 입시체계는 이를 뒤따라주지 못하기에 현실과 이상은 여전히 괴리 상태이다. 자유학기제 및 학년제를 도입하여 학생들을 입시부담에서 조금이라도 덜어주어 이들에게 자율적인 학습을 하도록 시스템을 구축했지만 외려 1학년에서 신나게 놀고 2학년에 곧장 입시와 관련된 내신공부를 하려니 더 힘들다는 학생들이 많다. 일명 가진 부모들은 이때를 기회로 생각하여 엄청난 사교육비를 들여 이미 높은 장벽의 실력을 구축하여 2학년에는 이미 최상권을 달리면서 과고나 영재고 또는 외대부고의 꿈을 키우게 된다. 이런 면에서는 이미 꿈을 가진 학생들이 나름 승자라고 할 수 있다. 본인의 의지든 아니든 이미 우리가 바라보는 성공 선에는 미리 들어온 것이 사실이다. 오죽하면 아버지의 무관심에 엄마의 정보력에 할아버지의 재력이 맞물려야 대한민국에서 성공한다는 말이 나올까?

평생을 나름 교육계에 종사했지만 나 역시도 막상 교육시스템을 구축하라고 하면 대한민국에서 쉽지가 않다. 미국에서도 간혹 유명배우의 입시 비리 스캔들로 나라가 뒤흔들린 적이 있지만 우리나라는 아마 그 이상의 막강동력이 있는 이유가 6·25전쟁을 거치면서 허허벌판에 그래도 건물을 세우고 경제를 일으킬 수 있는 원동력은 교육이라는 확고한 믿음 때문이었다. 사실 나 역시도 공부한 이유가 딱히 다른 것들도 어느 정도 재능은 있었지만 그래도 공부를 해야 살아갈 수 있으리라는 막연한 기대감 때문이었다. 그런데 나이를 먹고 다양한 사람들을 만나서 이야기를 들어보니 공부랑 경제적 부를 누리면서 사는 것이랑은 가끔 차이가 있지 않나 그런 생각도 든다. 그렇다고 공부를 선택한 나의 결정을 후회하지는 않는다. 다만 다른 일을 했더라도 충분히 잘 살 수는 있었겠다는 그런 인생에서 선택하지 않은 길에 대한 기대감이 존재한다. 그래서 내가 Frost의 The Road not Taken을 그토록 좋아하는지도 모른다.

어제도 서울대법대 정규모임을 2년 반 만에 주최하면서 많은 생각이 들었다. 사실 나 빼고는 현재 모두 법조인으로 현직 판검사에 변호사에 나름 잘 나가는 사람들이다. 어제 모인 분 중 86학번 형님이 최고의 연장자셨는데, 어제 처음 들은 이야기는 자신은 문과에 적성이 있는 것 같아 공부를 잘한 덕분에 서울대 법대에 진학했는데 판사를 하면서도 이공계에 대한 미련을 버리지 못해 연세대에서 전자공학으로 석사를 했다는 이야기를 들려주었다. 그러면서 부모님과 형제들 얘기를 하면서 이과에 대한 재능도 자신이 있었는데 당시 서울대 법대에 꽂혀 그 길만 계속 달려온 것이 아닌가 그런 인생의 뒤안길에서 고백을 해주셨다. 그러면서 요즘 애들은 미리 꿈을 정해서 움직여야 해서 좋은 것도 있지만 사실 본인의 적성도 모른 채 무조건 학교만 다니니까 오히려 더 힘들어지는 게 아닌가 그런 얘기를 들려주셨다. 지도교수님과 동료들을 오랜만에 대면으로 야외에서 보니까 다소 쌀쌀한 날씨임에도 다들 10시까지 끊임없는 대화를 나눈 것 같다. 사실 오거나이저인 나는 동분서주하느라 한우를 제대로 먹지도 못했지만, 또 오랜만에 모임을 주최하면서 다들 고맙다는 말에 나름 보람을 느끼기도 했다. 야외에서 바비큐를 하길 원하신 교수님 때문에 장소 섭외하느라 나름 고심을 한 것도 사실이다. 청계산장은 이미 2주 전에 마감이라 차선으로 어울렁더울렁을 선택했는데 고기를 직접 굽는 게 쉽지만은 않았다. 연기를 어찌나 마셨는지 아직도 눈이 얼얼하지만 그래도 먼길을 재판 마치자마자 다들 한걸음에 달려온 이들이 너무나 고맙게 느껴졌다.

다시 원점으로 되돌아가서 교육을 논하자면 현재 대한민국은 다시 수능체제를 부활해야 한다, 또는 로스쿨을 없애고 사시로 돌아가야 한다 등 많은 얘기가 오가고 있다. 어느 제도이든지 완벽한 것은 없다. 사실 내신을 없애고 수능만을 부활한다면 경제적 능력이 되는 학생들은 굳이 3년이라는 기간을 학교에서 허비할 필요가 없다. 그래서 주변에 어느 정도 사는 집안 자녀들은 현재 고등학교에서 내신 성적이 나오지 않으면 아예 고등학교 자퇴를 하고 검정고시를 치른 후 수능을 준비하고 있다. 거짓말 아닌 현실이다. 고등학교는 단지 상급학교로 진학하는 교두보 역할이지 그 이상의 의미는 사라진 지 오래다. 외대부고가 기존의 외고 시스템을 과감히 버리고 시대 흐름에 편승하여 10년 전부터는 전국자사고로 전향한 이유도 바로 이러한 부모님들의 기대치를 재빨리 캐치하고 생존경쟁에서 살아남고자 노력했기 때문이다. 2025년에는 원래 특목자사고를 완전히 폐지하겠다고 한 전 정권과는 달리 현재는 다시 현 시스템을 그대로 두고자 한다는 얘기를 들은 적이 있다. 민주주의 국가니까 선택지는 두는 게 맞지 않나 생각이 든다. 개인적으로는 아무래도 평생을 바쳐 만든 학교에 대한 애착이기도 하다. 기존에 잘 나가는 학교를 없앨 것이 아니라 현재의 공교육 시스템을 이 정도로 끌어올리기 위한 노력이 필요하다고 생각한다. 조금이라도 교육에 관심이 있는 학부모들이 왜 내 자녀를 좀 더 나은 교육 시설에 보내고 싶어 하는지 그 마음을 헤아려봐야 한다. 어느 누구인들 자신의 자녀가 별 볼 일 없는 학교에서 다른 학생들에게 학폭을 당하면서 괴롭힘 속에 학창시절을 보내길 원한단 말인가? 일부 사실에 지나지 않기만을 바랄 뿐이다. 뉴스에 나오는 일들은 때로는 과장 보도되는 측면이 있음을 나 역시 너무 잘 알지만 현장에서 다양한 통로로 듣는 얘기로는 그렇게 과장만도 아닌 것 같다. 사실 상담을 하다 보면 부모님한테는 차마 얘기를 하지 못하고 나와 이야기를 나누는 가운데 울면서 본인의 아픈 학교생활을 이야기하는 경우가 많다. 경우에 따라서는 이미 시기를 놓쳐 아예 자퇴를 결심한 경우가 많다. 어느 날 갑자기 부모님은 자녀가 자퇴를 하기로 결심했다며 깜짝 놀라 그 원인을 찾고자 그리고 이를 해결하고자 나와의 상담을 신청하는데 이미 때는 늦어 학생의 결심을 돌이키기에는 내상이 너무 깊어 치유가 불가능한 상태이다.

내가 그나마 외대부고에서 청춘을 보낼 수 있었던 이유도 학생들이 정말 매너가 있고 반듯해서 가르치는 일에만 오롯이 신경을 쓰면 되었기 때문이다. 물론 간혹 말썽꾸러기 학생들이 사회적 배려 대상자 시스템이 구축되며 입학하여 곤욕을 치르기도 했지만 외람된 얘기로 이런 학생들이 일반고에서는 비일비재하다는 얘기를 듣고 부모님들 마음을 더더욱 이해하게 되었다. 강남 8학군 같은 경우도 반에서 몇 명을 제외하고는 수업 시간에 거의 자는 게 현실임을 교육관계자들은 아는지 모르는지 궁금하다. 획기적인 방법을 도입하기 전까지는 계속 딜레마일 것이다.

언젠가 아파트에서 자녀교육 및 입시 관련 재능기부를 할 때도 깜짝 놀란 것이 이미 학부모님들이 웬만큼 자녀교육에 관심을 가진 경우 이미 유학까지 다녀올 계획을 하시는 분도 계셨다. 초등학교 시절 여건만 된다면 미국이나 영국이 행여 경제적 이유로 부담스럽다면 차선책으로 영어권 국가에서 영어를 노출해 어학 정도는 마스터하는 것도 좋다고 생각한다. 현재 강남 엄마들이 진행하고 있는 교육형태이다. 그래서, 중학교 입학 하기 전까지는 영어를 마스터시키고 이후에는 오롯이 수학에 몰입하여 수학 모든 과정을 완벽하게 끝내야 고등학교 내신에서 승리하게 된다. 그렇지 않으면 고등학교 내신은 기대하기 힘든 게 사실이다. 중학교 시절 이미 고등학교 수학 선행을 하지 않으면 기존에 수학을 마스터한 학생들에게 밀리는 것이다. 그리고 국어독서는 아무리 강조해도 지나치지 않는다. 미리미리 독서의 다양한 폭을 넓혀 일명 extensive reading에 돌입해야 한다. 초등학교에서는 광범위한 독서를 진행한 후 이후 intensive reading으로 깊이 있는 독서에 몰입해야 한다. 사실 고등학교 국어 수능이 단순히 국어라고 착각하면 큰 오산이다. 물리를 비롯하여 생물, 화학, 정치와 경제를 비롯한 전 영역에서 단지 한글을 빌려 그러한 지식을 요구하거나 묻는 문제가 출제되는 것이다. 친한 동생 중에 외대부고 근무하다가 1타 강사로 연간 몇십억은 기본으로 버는 친구가 있다. 그런데 그 친구도 보면 모든 과목을 매일매일 공부하기 바쁘다. 가끔 연락이 와서 해도 해도 공부가 끝이 없다는 하소연을 하기도 한다. 그만큼 고등학교 수능이 절대 만만하지는 않다. 그래도 다행인 것은 논술형이 아니라 암기만 하고 이해만 해서 5지 선다형 중 정답지 1개만 고르기만 하면 되기에 글 쓰는 능력까지는 필요없다. 학교에서 치르는 내신에서 글쓰기는 주로 단답형을 요구하는 경우가 많다. 다만 수행에서는 다양한 형태의 글쓰기를 요구하므로 글쓰기도 초등학교부터 미리미리 시켜주는 것이 좋다. 이렇게 복잡한 한국의 교육시스템을 거부하는 웬만큼 사는 분들은 일찌감치 국제학교로 눈을 돌리게 된다. 청심국제중이나 영훈국제중이나 대원국제중, 그리고 제주도 및 판교에 있는 다양한 형태의 국제학교를 선택해서 일명 그들만의 리그를 진행하게 된다. 이후 고등학교도 국제학교로 진학하여 이후 미국이나 영국의 명문대를 지원하게 된다. 그나마 기러기 아빠를 만들지 않겠다고 설립한 이 학교들은 나름 학부모들에게 인기가 많다. 현재 외대부고는 기존의 국제반 3개에서 여러 가지 경제적 이유로 지원자가 줄어 현재는 1개 반만이 국제 반으로 진행되고 있고 이들은 미국이나 영국의 명문대 진학을 목표로 공부한다. 그런데 이들 학생 중에는 오히려 연세대나 고려대 국제학부를 가기 위해 미리 국제과정 커리큘럼을 이수하여 맞춤형으로 전략적 공부를 하는 학생들도 많다.

대한민국이 존재하는 한 교육 논쟁은 끝이 없다. 대치동의 모아파트가 현재 50억을 호가하는 이유도 오롯이 대치동에 몰려있는 대한민국 최고의 명문학원 때문이다. 공교육 학교는 그저 프레임만 만들어 주는 기능으로 전락하였고 웬만한 학부모들은 오히려 사교육 기관의 정보를 더 신뢰하고 입시에 매진하게 된다. 그런데, 학교에 있다 보면 사실 부차적인 일들이 많아서 오롯이 입시에만 신경을 쓰지 못하는 것도 사실이다. 학원이야 각자 시스템이 구축되어 맡은 역할만 하면 되기에 그리고 열심히 하지 않으면 언제든지 도태되는 구조이기에 더 심혈을 기울였는지도 모른다. 학부모들의 신뢰를 받기 위해서는 공교육이 다시 한번 도약의 발판 기회를 만들어 신뢰를 회복해야 한다. 대치동에 버금가는 교육시스템을 공교육에 구축하여 정보전쟁에서 학부모님의 무한한 신뢰를 받게되면 굳이 대한민국에서 사교육은 필요 없다고 생각한다.

새벽에 잠을 깨어 이런저런 생각에 많은 것을 고심하게 되었다. 어느 부모님의 말씀처럼 그저 우리 아이 행복하게 잘 자라면 좋겠다는 것이 소박한 희망이라고 했는데 대한민국에서 이러한 소박한 꿈은 그리 쉽지만은 않다. 영국에 있으면서 현장경험을 쌓기 위해 초등 및 중고등학교에서 영어를 가르친 적이 있다. 그런데 너무나 놀라운 것이 초등학생의 경우 팀티칭을 할 때 학생들이 너무나 스스럼없이 스토리텔링 시간에 선생님 무릎에 서로 앉기 위해 쟁탈전을 벌이는 아름다운 모습을 보여 감동하였다. 학생들에게 스스럼없이 다가가는 그 선생님이 놀라웠고 학생들의 편안한 태도 역시 감동적으로 다가왔다. 물론 단편적인 현상에 불과할 수도 있지만, 한국처럼 중고등학교에서도 그렇게 입시에 스트레스 받는 느낌은 없었다. 물론 잠시 스쳐 가는 잠시의 기간동안 티칭을 하면서 모든 현상을 명확히 못 봐서 그럴 수도 있지만 그런데도 왜 나에게는 이들의 모습이 그렇게 부럽고 평화롭게 여겨졌던 것일까?

어느 날 친한 후배한테 양양에 놀러 오라고 한 적이 있다. 예전에는 가족끼리 여행을 오곤 했는데 대번에 하는 말이 하나밖에 없는 아들이 현재 경기고에 재학 중인데 그 녀석 비위 맞추고 학원 스케줄 맞추느라 가족 여행은 이제 물 건너갔다고 했다. 제발 사람답게 편히 살면 좋겠는데 어찌나 유세를 떠는지 여행은 3년 내내 불가능할 것 같다며 하소연했다. 그렇다. 현재 대한민국 학생들은 학교를 마치고 나면 어김없이 학원에서 밤늦게까지 다시 공부를 시작하게 된다. 그래야만 생존경쟁에서 승리하게 되고 이에 뒤질세라 이제 재수는 거의 명문대를 가기 위한 필수코스가 되고 있다. 대학을 진학한 때도 의대나 약대와 한의대, 치대를 가기 위해 반수를 준비하는 경우가 많다. 얼마 전 약대를 잘 다니던 제자도 갑자기 의대 가겠다며 반수를 하겠다고 한다. 왜 도대체 대한민국 사회를 이렇게 만들었을까 살펴보면 아무래도 의대의 경우 일반 직장인보다 직업의 안정을 비롯하여 수익이 상상을 초월할 정도로 많이 차이가 나기 때문이다. 그런데 얼마 전 생일이라고 축하 전화에 거금 몇십만원을 들여 한우에 스타벅스 카드에 이것저것 준비한 제자가 하소연하듯 본인이 언제까지 이 일을 할 수 있을지 인턴인 지금부터 벌써 겁이 난다고 했다. 1주일에 집에 하루도 들어가지 못하는 데 정말 힘들지만 그래도 병원 생활에서 가장 보람된 것은 환자들이 선생님이라고 부르며 자신을 믿고 의지를 해서 그나마 버틴다는 것이었다. 이렇게 고생한 제자한테 선물을 받기가 너무나 민망스러워 사양했지만 그래도 학창시절 용돈에 데이트비용에 맛집 투어까지 시켜준 것을 이 녀석은 고스란히 기억하고 있었기에 앞으로 더 잘해드리겠다고 너스레를 떤다. 그만큼 힘들기에 이들이 받는 고수익도 어쩌면 당연하다고 생각한다. 잘난 아들은 장모차지, 못난 아들은 엄마 차지라는 우스갯소리도 있는데 이 친구 장차 누구랑 결혼할지 궁금하기도 하다. 내가 보기에 엄청나게 잘 나가는 유명한 의사가 되어 곧 TV에도 등장하지 않을까 싶다. 거의 아이돌 뺨치는 외모까지 갖추었기 때문에 당연한지도 모른다.

우리 아이를 어떻게 키울지는 정답이 없다. 그리고 아버지의 영향력은 안타깝게도 사라진 지 오래다. 엄마들이 어떻게 자녀 교육관을 가졌는지 그리고 주변 엄마들이 어떻게 정보를 공유하며 자녀들을 키우는지가 관건인 사회가 되었다. 왜 값비싼 산후조리원을 선택하는지, 왜 학군지의 비싼 아파트를 선택하는지. 왜 일반

유치원의 몇 배나 되는 영어유치원을 선택하는지. 굳이 어릴 때부터 아이스하키를 시키고, 첼로를 시키고, 플래그 풋볼을 시키는지 한 번 생각해 봐야 한다. 부모들 마음에는 우리 아이를 조금 더 나은 환경과 그러한 클러스터에 들어가서 좀 더 나은 환경을 만들어 주기 위해서이다. 물론 이러한 것 다 싫다고 해서 농촌이나 산골에서 일명 자연 교육하는 경우도 있다. 각자 선택이니까 누가 뭐라고 할 것은 없다. 다만 제도권 하에서 자녀를 교육하기 위해서는 너무나 많은 변수와 요건들이 있기에 미리미리 한 번이라도 고심할 필요는 있다고 본다. 그리고 과연 우리 자녀가 어디에 재능이 있는지를 늘 탐색하며 관심을 두는 자세가 필요하다. 단지 내가 이루지 못한 꿈을 대체로 이루어주기 위한 과녁으로 삼으면 절대 곤란하다. 부모의 역량은 너무나 문과적인데 자녀한테 뜬금없이 의대를 바라는 것은 내가 보기에 무리가 있다고 본다. 부모의 직업이나 유전인자를 절대 무시할 수 없기 때문이다. 그리고 나의 욕심보다는 내 자녀가 잘하고 좋아하는 길을 찾아주는 것이 부모의 진정한 역할이다. 그리고, 만일 그곳에 뜻한 바가 있다면 부모는 다양한 선택지의 길을 찾아 자녀가 올바르게 갈 수 있도록 늘 관심을 두는 것이다. 가끔 나이가 들어 자녀와 의사소통하고자 하는 아빠들이 있는데 이제는 그러한 파파시대는 지나갔다. 되도록 술 한잔 마시기보다는 우리 자녀가 뭘 원하는지 관심을 두고 지켜보고 파파들 역시 엄마한테만 자녀교육을 맡긴 채 돈만 벌면 된다는 식보다는 이런저런 네트워크를 통해 정보교환을 하면서 그래도 기본적인 것은 알아야 나중에 자녀한테 무시당하지 않음을 말하고 싶다. 결국, 어느 순간 자녀와의 연결고리가 끊기는 것은 교육에 문외한인 아빠에게 그다지 자신의 공부에 관해 이야기하고 싶지 않기 때문이다. 결국, 이렇게 되면 대화의 단절이 오기 십상이다.

그런데 내가 항상 강조하는 것은 난 사실 공부를 잘해서 기억되는 제자들보다는 인간성이 따뜻하고 마음이 온화해서 감동을 주는 그런 친구들이 가장 좋다. 물론 잘되는 제자들이 자랑스럽기도 하지만, 화중지병으로 나와는 상관없는 이들이면 감흥은 반으로 절감한다. 가끔 안부 인사라도 전하며 자신의 살아가는 이야기를 들려주며 고민도 같이할 수 있는 그런 제자들이 더 기억에 남는 것은 나와 공감대의 시간을 함께하기 때문이다. 인간관계 역시 마찬가지이다. out of sight, out of mind가 아니라 그래도 가끔 안부를 묻고 서로의 근황에 관해 이야기할 수 있는 사람들이 너무 좋다. 어젯밤 카톡을 뒤늦게 봤지만 문 앞에 호두과자를 두고 간 아파트 동생에게 이 글을 빌려 감사를 드리고 싶다. 최근 나에게 소소한 행복은 이렇게 마음과 정을 나눌 수 있는 친구들을 뒤늦게 만나서 너무나 행복하다. 다슬깃국에, 회에, 값비싼 한우로 생일잔치를 벌여준 형님부터 시작해서 사소한 거라도 나누려고 원두커피를 만들어 직접 가져다준 동생, 어디선가 갓 쪄낸 증편을 가져다준 동생, 정성스레 붓글씨로 마음을 전하고 게다가

꿀까지 챙겨준 동생, 감사하다며 포도주와 떡을 가져다준 동생, 몸 허약할까 봐 정성스레 비타민과 건강에 좋은 과자를 가져다준 동생, 수시로 맛있는 케이크 쿠폰을 보내 준 동생, 언젠가 외식을 시켜준다며 백숙에 돼지고기구이를 대접해 준 동생…. 같은 아파트 단지에 산다는 이유로 정을 나눌 수 있음에 감사를 드린다. 굳이 무언가를 줘서라기보다는 작은 마음이라도 서로 전하고 표현하는 정에 깊은 감동을 받는다. 앞으로도 이러한 소중한 인연을 계속 이어나가며 행복하게 살고 싶다. 이른 새벽 시작된 나의 작은 일상적인 서로 흐름이 굳이 철학적인 루소의 사회계약론이나 밴담 이나 밀의 공리주의에 입각한 최대다수의 최대행복과 같은 무거운 이야기가 아닌 그저 소소한 나만의 삶에 그 누군가와 마음을 나누고 정을 준다는 그 자체에 깊은 의미를 두며 오늘의 감상을 마친다.

큰 인물도 좋지만 최소한 타인에게 피해는 주지 말자

아침 일찍 눈을 떠서 가장 먼저 확인하는 일 중 하나는 카카오톡 메시지 확인 및 가끔 페이스북이나 인스타에 지인들 근황을 조심스레 확인하는 것이다. 오늘 나의 눈에 들어온 글귀는 이른 아침 나를 사로잡기에 충분했다. 그분이 남긴 메시지는 간단했다. 세상의 빛이 되거나 큰 인물이 되라는 명언이나 격언 대신 최소한 남에게 피해를 주는 사람은 되지 말라는 뜻이었다. 정년을 앞둔 시점에 고3 수험생들에게 하신 근엄하기로 교내에서 명성이 자자했던 그분의 담임선생님 말씀은 현재 의사가 되어 다양한 활동을 펼치는 나의 지인에게 그렇게 매료와 감동을 준 말씀이었나 보다. 일명 홍 대감네 머슴이라고 불리던 자기네 반 학생들이 정년퇴임을 앞둔 인생의 뒤안길에서 제자들에게 조심스레 건넨 인생의 덕담은 큰 인물이 되어 사회에 빛을 발하라는 말씀 대신 그저 소박하게 최소한 예의범절을 갖춘 인물로 제자들이 부디 반듯하게 자라주기만을 간절히 바란 당부의 말씀이셨다. 세월의 연륜이 묻은 그 말씀 속에는 많은 것이 내포했다고 생각한다.

우린 보통 어린 학생들에게 사회에 큰 인물이 되길 간절히 바라며 또한 누군가에게 선한 영향력을 끼치기를 희망한다. 나 역시도 누군가에게 좋은 영향이나 좀 더 나은 인재로 사회에 보탬이 되기를 간절히 바란다. 그런데 곰곰 생각하면 누군가에게 도움이 되기 전 최소한 민폐는 끼치는 사람이 되지 않는 것이 첫 번째 순서임을 깨닫게 되었다.

어제도 카톡 단톡방에서 일명 주변에 민폐를 끼치는 흡연자에 대한 해결방안을 둘러싼 난상토론이 장시간 진행되었음을 뒤늦게 알게 되었다. 피곤해서 카톡이 온 줄도 모른 채 평소보다 일찍 잠들었고 새벽에 잠깐 눈을 뜨긴 했지만, 자세히 읽어볼 겨를이 없었기에 스쳐 가듯 보다가 아침에 한 자씩 읽어보면서 우선 아파트 내를 금연 단지로 지정한 후 단지 내에 존재하는 흡연자들에 대한 배려나 이들을 위한 흡연 부스가 미흡함을 알게 되었다. 사실 시대적 분위기는 직접 흡연이 건강에 해로울뿐더러 간접흡연 역시 엄청난 건강상 심각성을 가져오기에 대체로 꺼리는 분위기이다. 그런데도 이미 담배에 맛을 들인 사람들은 쉽게 담배를 끊지 못하고 있다. 특히 금연 아파트로 지정되고 나면 어디 편하게 담배를 피울 공간도 없어 단지 내에 함부로 담배를 피우게 되고 결국 인접 세대엔 또 다른 피해가 되고 있다. 그렇다고 흡연 부스를 1층이나 옥상에 설치하는 것도 쉬운 문제는 아니다. 갖가지 많은 문제가 도출되는 가운데 역시 해답은 없는 상태이다.

어제 갑작스러운 북촌 여행을 하면서 노독으로 인해 잠시 편의점에서 핸드폰 충전도 할 겸 기다리는 사이 생수를 한 병 사서 편의점 앞에 마련된 테이블에 앉아 잠시 맞은편 설화수나 오설록 시그니처를 감상하게 되었다. 미리 터를 잡은 어느 행인분이 편의점 앞에 큰 문구로 작성된 '흡연 금지! 만일 흡연하게 되면 10만 원의 과태료가 발생합니다'라는 경고에도 불구하고 연신 담배를 피우고는 바닥에 내팽개친다. 웬만하면 한소리 하기 싫어하는 성격이라 참고 참다가 나중에는 드디어

"죄송하지만 여기서 담배를 피우시면 안 됩니다. 10만 원의 과태료를 무시게 됩니다. 경고장도 안내되어 있잖아요!"

뒤질세라 안에서 나온 편의점 사장님도 깜짝 놀라 한마디 거드시며 어제 빨리 담뱃불 끌 것을 주문하셨다.

이렇게 일단락되었지만 보통 단지 내의 흡연은 지정된 장소를 제외하고는 사실 흡연에 대해 달리 이를 제지할 방법이 없다. 법적인 문제를 어느 분이 거론하며 불법 주차에 대해 삼진아웃제를 통한 입주민들 합의를 통한 5만 원의 벌금을 물리는 것처럼 단지 내에서 함부로 담배를 피우는 분들에 대해 벌금을 물리자는 의견도 조심스레 나왔지만, 현행법상 이 역시 불가능한 상태이기에 가장 기본적인 상식에서 상대를 배려하는 마음이 필요하다는 생각이 든다. 어느 분이 말씀하신 것처럼 금연에 대한 필요성은 누구나 공감하지만, 흡연자에 대한 배려도 필요하다는 말씀 적극적으로 공감하면서도 내가 피는 담배로 인해 그 누군가가 피해를 본

다면 이 역시 한 번 진심으로 고려해봐야 한다. 사실 담배에 붙는 세금은 국가적으로도 버리기엔 너무나 큰 수입원이므로 담배 사업을 전면 폐지할 수도 없는 상황이다. 국민건강기금 조성이라는 명목하에 엄청난 세금이 담배에 부과되면서 담배 가격이 급격히 올라 상당한 반발이 있었지만, 이제는 어느 정도 수용하는 분위기이다. 예전에 영국 유학 시절, 가끔 한국에서 담배를 사 오는 유학생이 있어 담배를 피지 않는 나로서는 너무나 이해할 수 없기도 했지만, 워낙 담배 가격이 한국에 비해 비싸 담배만 가져와서 피워도 비행깃삯은 족히 뽑는다는 우스갯소리가 있기도 했다. 그만큼 외국의 담배 가격은 상상을 초월할 정도로 비쌌기 때문이다.

이제는 아파트를 지을 때 미리 주민들 건강상 금연 아파트를 지정한다고 생각하면 아예 처음부터 끽연 자를 위한 흡연 부스를 어디에 어떻게 설치할지도 미리 고심해봐야 하는 시기가 도래했다고 생각한다. 현실을 부정한 채 무조건 장밋빛으로 호도하여 정책을 펼치는 것은 옳지 않다고 생각한다. 금연 아파트 당연히 찬성하지만, 기존에 담배에 길든 그 누군가를 전혀 고려하지 않는다면 이들은 더더욱 음성적인 방법으로 담배를 피우게 되며 이러한 흡연은 또 누군가에게 피해를 주기 마련이다. 담배를 피운 뒤 최소한 뒷정리는 제대로 해달라는 의미에서 담배꽁초를 버릴 수 있는 일명 재떨이를 마련했음에도 불구하고 재떨이는 마냥 주변에 내동댕이쳐지고 주변에는 온갖 가래와 침이 무성한 것을 보면 또 흡연자에 대한 일말의 배려심도 비난과 혐오의 극혐으로 변하게 된다. 모든 흡연자가 그러한 것은 아니겠지만 단지 내의 강아지 오배설물 처리를 비롯하여 담배를 피운 뒤 담배꽁초와 가래와 침 등의 문제는 여전히 사람들의 눈살을 찌푸리게 만드는 요인이 되고 있다.

다시 돌아와서 그 홍 대감님이라는 선생님의 말씀이 상기된다. 사회에 물론 큰 역할을 통해 이바지하는 것도 좋지만 최소한 더불어 사는 세상에서 조금만 타인을 배려하는 마음으로 나의 이기심을 접어두는 연습은 어떠한지 조심스레 권하고 싶다. 강아지를 귀여워하는 마음으로 강아지 변을 뒤처리하는 배려가 필요할 것이고 흡연을 통해 느끼는 쾌감과 스트레스를 해소하는 마음만큼 담배꽁초 및 담배를 피우는 장소선정에 있어 신중히 처리해 타인에게 혐오감이나 불쾌감을 주지 않고자 하는 최소한의 피해를 주지 않고자 애쓰는 마음이 가미된다면 좀 더 나은 사회를 만들 수 있다고 생각한다. 타인에게 피해를 주지 않는 작은 배려와 마음이 더욱더 행복하고 즐거운 사회를 만드는 밑거름이 된다고 생각한다. 그리고 금연 아파트를 지정함과 동시에 이들을 위한 흡연 부스를 적절하게 아파트 단지 내에 배치하여 이들을 위한 배려도 필요하다는 생각이 든다.

유행가에 대한 단상

그 언젠가부터 난 유행가라는 것에 대해 무슨 노래인지 전혀 이해를 못 하는 젬병이 되고 말았다. 멜로디는 그나마 조금씩 들리는데 가사는 도무지 무슨 소리인지 귀에 아예 들어오지도 않았다. 청력이 나빠서 그런 것도 아닐 텐데 왜? 일까 하는 많은 생각을 해본다. 사실 XO같은 경우도 나에겐 쉽게 이해하며 들을 수 있는 정도는 아니었어도 그래도 흥얼거리며 멜로디만이라도 읊조렸는데 그 이후 랩 같은 경우는 아예 넘사벽이 되고 말았다.

오늘 아침 나잉님이 단톡방에 좋은 풍경이 담긴 동영상을 올려주면서 우연히 Rivers of Babylon by Boney M을 듣게 되었다. 동영상에 나오는 전 세계의 명소도 물론 매력적이고 코로나가 끝나면 정말 가보고 싶다는 생각이 많이 들기도 했지만, 나 같은 경우는 아무래도 청각적인 요소에도 영향을 많이 받는 편이라 노래 멜로디가 귓전을 계속 맴돌며 메아리쳤다. 사실 이 노래는 성경의 시편 137편을 기반으로 만들었다고 하는데 유대인들이 포로로 바빌론에 끌려갔을 때 그 고통을 노래한 것이라고 한다. 'thy'라는 표현이 나오는데 your이라는 뜻의 고어이기도 한데 이외에도 'meditation- 명상 또는 내 마음의 울림', 'acceptable- 받아들일 수 있는' 이러한 단어를 빼면 고작 사역동사 let이 들어가면서 가장 기본적인 동사들로 구성된 알기 쉬운 노래이다. 그런데도 세월이 흘러도 감동의 여운이 짙은 이유는 멜로디가 더 아련하게 들리기 때문이다. 초등학교 갓 들어가면서부터 이 노래를 즐겨들었던 것으로 기억되는데 갑자기 금요일이 주는 요일에 따른 분위기도 있고 무엇보다 갑자기 진행된 추억 소환에 눈물이 또로롱 흐른다. 돌이켜보면 잡힐듯한 시간인데 어떻게 하다 보니 지금의 나이와 시간이 흐른 것인지 많은 생각을 하게 된다.

노래는 참 많은 것을 기억하게 한다. 그 덕분에 요즘은 예전 90년대 유행했던 댄스곡을 들으면서 매일매일을 신나게 보내고자 노력한다. 최근 불어닥친 트로트 열풍은 또 어느 순간 시간이 흐르면 이 시대의 대표 아이콘이 될 것이며, 걸그룹 전성시대에 유행했던 소녀시대나 원더걸스, 그리고 걸스데이. SES, 핑클, 젝스키스, H.O.T도 시대를 거슬러 30대와 40대의 추억의 아이콘이 되고 있다. 음악은 당시의 모든 전경과 상황을 돌이켜주게 만드는 마력이 있다. 그 노래에 시대적 분위기도 담겨있고, 그 노래에 나만의 애틋한 추억도 묻어 있다.

최근 들어 코로나로 인해 해외여행을 못 가면서 나의 취향은 더더욱 국내에서 진행하는 다양한 뮤지컬 및 콘서트에 초점이 맞추어져서 공연한다고 하면 열 일 제쳐두고 거의 모두 티케팅을 해서 공연을 감상했던 기억이 난다. 그중에서도 최근에 감상한 싱어게인2와 국민가수 공연은 코로나 막바지에 진행해서 그런지 조금은 자유로운 분위기에서 좀 더 콘서트 분위기를 만끽하며 감상할 수 있어서 감사한 마음이 들었다. 특히 국민가수 공연에는 나도 모르게 '박창근의 엄마'라는 곡을 부를 때 대성통곡하며 울어서 주변에서 많이 당혹스러울수도 있지만 나만 우는 것은 아니라 그나마 다행이었다. 모두들 눈물을 손수건으로 훔치며 노래에 빠져들고 있었다. 너무나 애절한 가사와 멜로디가 가슴을 후벼 파다 못해 거의 난도질당하는 기분이 들어 그 곡 안에 완전히 빠져들어 가는 기분이었다.

공연장을 들어가기 전에 올림픽 공원에서 펼쳐진 진풍경은 다시금 내가 콘서트 공연장에 있음을 알게 해주는 좋은 지표임에 분명했다. 외국 가수들 내한 공연에도 볼 수 없었던 진한 팬심을 자랑하는 수많은 사람들의 홍보마케팅은 감동적이다못해 경이롭기까지 했다. 아직 청춘임을 과시하고 싶은지 자신이 좋아하는 가수의 찐 팬임을 자처하며 형형색색 응원 문구와 플랭카드, 심지어 색깔별로 맞춘 마스크는 코로나가 만들어낸 또 다른 진풍경이라는 생각이 들었다. 공연장에서 비록 소리 지르고 떼창을 부르지는 못해도 박수를 통해 공연장에 다들 빠져들고 있었다.

싱어게인의 경우는 10명 중 4명이 코로나로 인해 참석을 못해 아쉽기는 했지만 출연한 가수들이 다른 가수들의 몫까지 열심히 최선을 다해 준비해서 나름 성공적이었다고 생각한다. 주로 공연은 올림픽공원 경기장에서 진행하는데 작년 겨울의 경우엔 너무나 추웠음에도 불구하고 행사를 진행하는 가운데 다양한 실수는 물론 지나치게 엄격한 방역으로 인해 몇 시간을 밖에서 오돌오돌 떨었던 기억이 난다. 그런데도 차가운 겨울에 나를 불러들인 이유를 생각해보면 세월이 지난 다음 이를 추억할 수 있는 나만의 아름다운 추억을 만들기 위함이었다고 스스로 생각해본다. 나이에 상관없이 자기가 좋아하는 가수를 응원하는 공연장은 말 그대로 세대를 아우르는 화합의 장이라 생각한다. 물론 10대나 20대 초반은 찾아보기 힘들었지만 그래도 다양한 연령층이 한 공간에서 열창하는 가수의 공연에 심취하며 때로는 눈물을 때로는 웃음을 짓는 장면이 연출되는 것을 보면 공연의 힘은 정말 크다는 생각이 든다. 언젠가 크러쉬 공연을 보러 간 적이 있는데 그 공연의 경우는 대부분이 10대나 20대 위주여서 50대 손들어보라고 하는데 거의 손가락에 꼽을 정도로 신세대들만 가득한 공연이어서 쑥스럽기도 했지만 그럼에도 신나게 즐기며 돌아온 기억이 난다. 사실 크러쉬 공연도 좋았지만 게스트 싱어로 출연한 사이의 화려한 퍼포먼스가 더 뇌리에 오래도록 기억에 남는다.

몇만 명이 나와도 이제 일상생활을 준비하는 이 시점에서는 왜 당시 그렇게까지 엄격하게 방역을 했는지 또한 백신을 이렇게 3

차까지 맞은 사람들이 많음에도 불구하고 왜 이렇게 돌파 감염이라는 이름으로 몇십만 명의 사람들이 코로나에 걸리는지 여전히 의문투성이지만 세월이 지나면 이에 대해서도 명확히 밝혀지리라 생각하고 지금, 이 순간은 다만 어서 빨리 일상으로의 복귀를 다들 빈틈없이 준비해서 더 이상의 희생자가 발생하지 않기만을 간절히 바랄 뿐이다. 실내에서는 마스크를 벗은 채 식사하고 밖에서는 마스크를 강제하는 것도 나의 상식으로는 의문투성이지만 이 또한 시간이 지나면 명백해지리라 믿어 의심치 않는다.

노래에 담긴 추억을 돌이켜보면서 지나간 나의 시간을 음미하는 약간의 사치스러운 여유도 어쩌면 내가 현재에 감사해야 하는 이유 중의 하나인 듯싶다. 이제 코로나도 어느 정도 마무리되어가는 시점에 앞으로 더 많은 공연이 활성화되어 심신이 지치고 피곤한 우리나라 국민이 힐링을 받는 소중한 기회가 되었으면 한다.

5월에 예정된 공연이 벌써 기대가 되며 다음 공연 티켓 예약을 위해 난 오늘도 핸드폰 화면을 만지작거리고 있다. 고백하자면, 이 모든 공연은 조카가 나를 위해 매번 자신의 자비로 공연예약을 하기에 나중에 반드시 이에 대해 보답을 하고 갚아야 한다고 생각한다. 너무나 고맙고 사랑스러운 조카이다. 조카라도 해도 이 친구도 벌써 40이라는 나이가 되었으니 정말 시간 빨리 흘러간다.

건강한 대한민국! 활기에 가득한 대한민국! 어서 빨리 일상생활로의 복귀가 이루어지길 두 손 모아 간절히 기도드려 본다.

컴플레인과 또 다른 인연의 연결고리

이사를 한답시고 했는데 과연 제대로 된 이사인지 늘 많은 생각이 들었다. 그러다가 이사할 때 가져온 에어컨을 다시 설치해야 하는데 오늘 전문가 기사님이 오셔서 하는 말이 비전문가가 마음대로 에어컨을 철거해서 완전 엉망이라는 것이다. 가스가 다 날아가 버렸고 배관도 다 끊어버려서 모조리 새로 설치해야 한다는 것이었다. 이삿짐센터랑 계약할 때에는 당연히 전문 기사님들이 오셔서 완벽하게 한다고 했는데, 오늘 재설치하려고 보니까 완전 엉망이다. 그렇다고 이사비용을 적게 지급한 것도 아닌데, 다시 컴플레인 하려고 전화기를 들었다가 말았다. 살면서 이런 일이 어디 한두 번이란 말인가? 이제는 나이가 좀 들었다고 따지기도 귀찮고 힘들다. 그렇게 따진들 달라지는 것도 없고...

오늘 에어컨을 설치하러 온 사장님은 사실 이전에 한 번 거래를 한 적이 있는 분이다. 구수한 사투리는 아니지만 그래도 부산 특유의 사투리가 묻어나는 정감 어린 말투가 인상에 깊었다. 지난번에는 사장님이 스케줄을 어겨서 나름 힘든 시기를 겪었지만 그래도 스케줄을 조정해서 이것저것 챙겨주시는 모습에 감동하여 이분께 다시 일을 맡기기로 했다. 나름 최선의 서비스와 가격으로 에어컨을 해주셨기에 이분이 시키는 대로 그저 따를 뿐이었다. 한 번의 컴플레인은 있었지만, 오히려 이러한 불평불만을 기회로 삼아 인연을 만들어 다시 일을 성실하게 해주었기에 특별한 관계가 형성된 것이다. 이분이 하자는 대로 알아서 해달라고 그냥 맡겼다. 비록 비용은 어느 정도 들었지만 그래도 신뢰가 쌓여서 진행된 일이라 나름 만족도가 높았다고 생각한다. 그리고, 일방적으로 무엇을 하라는 것이 아니라 일일이 하나하나 전화 또는 대면으로 상의를 하고 일을 진행했기에 한 치의 불평도 없었다. 보통은 전혀 고객에게 일언반구 상의 없이 일방적으로 일을 진행한 후 나중에 비용을 청구하게 마련인데 이러다 보면 나중에 얼굴이 붉어지게 되는 것이다. 사소한 배려가 또 다른 인연을 만들어 줄곧 신뢰하고 일을 진행하게 만드는 것이다.

어제도 사실 일식집에서 스시를 배달해오면서 미소 국물이 다 쏟고 거의 전쟁판을 방불케 했다. 온통 미소 냄새가 사방팔방 퍼지면서 이 사소한 미소 국물 하나 포장도 제대로 못 하면서 무슨 장사를 하는지 크게 따지고 싶었다. 전화기를 들어 말을 하긴 했지만 그래서 다시 오면 해준다고 하긴 하는데 다시 가서 미소를 받는 것 자체가 더 힘들어 포기하고 말았다. 다만 다른 손님들한테는 좀 더 포장을 잘해서 이런 실수를 하지 말도록 부탁을 드리는 정도로 일 단락 지었다.

나이가 조금 들어가는지 이제는 사소한 일에는 그다지 일명 목숨 걸지 않는다. 젊었을 때는 혈기왕성하여 마치 이렇게 따지는 것을 큰 벼슬이나 하는 것처럼 생각했지만 나이 들고 보니 다 부질없다는 생각이 들었다. 그냥 웬만하면 좋은 게 좋다는 것을 왜 어르신들이 예전에 말씀했는지 이제 조금 이해가 간다.

그렇다고 무조건 현실에 타협하라는 말은 아니다. 정말 본인이 부당한 대우를 받거나 부당하게 사기를 당하거나 엄청난 손실을 보았다면 당연히 이에 대해 상대에게 요구하는 것이 옳을 것이다. 다만 나이가 들어감에 따라 화를 내며 분풀이하듯 상대에게 따져서 내가 얻는 거랑 그냥 순간 '욱'하는 마음을 참고 다음을 기약하며 마음을 다스릴 때 얻는 마음의 평화의 대가 중 어느 것이 더 큰지는 깊이 고민하고 살펴볼 필요가 있다. 그래서, 만일 전자가 더 필요하다고 느끼면 당연지사 그렇게 하는 것이고 후자가 더 도움이 된다면 그렇게 하는 것이다.

사실 고백하기 창피한 이야기이지만 이렇게 나름 잘나고 똑똑하다고 자부해도 나 역시 서툰 구석이 너무 많아 사기를 당하기 일쑤이다. 너무 사람을 좋아하고 믿어서 그런지 절대로 상대가 나를 속일 거로 생각하지 않기 때문에 그 믿음 하나만으로 모든 인간관계를 형성하기 때문에 때로는 이러한 때아닌 복병을 만나 인생에 지급해야 하는 값을 톡톡히 치르고 있다. 그래서 때로는 사기를 당해 경찰서에 가서 이놈을 잡아야지 하다가도 그 절차가 너무나 복잡하고 귀찮고 거기에 소비하는 시간을 생각하면 차라리 그 시간에 다른 일을 하는 게 훨씬 더 경제적이라고 생각하여 아예 포기하고 만다. 다른 사람들에게는 정의를 위해 싸우라고 하면서도 나도 어느새 기성세대의 좋지 않은 타협에 물들어가는 것 같아 못내 씁쓸하지만 그러다가도 갑자기 마음속 깊숙이 정의감이 되살아나면 언제 그랬냐는 듯이 정의라는 이름으로 그 사기꾼을 잡아 응징하러 떠나기도 한다,

자리에 가만히 누워 곱씹어 본다. 과연 나에게 사기를 친 그 녀석은 과연 다리 마음껏 펴고 편히 쉴 수는 있는지, 그리고 내일 아침 경찰서 문 열자마자 그놈을 고소하러 가서 정의의 이름으로 더 이상의 피해자가 생기지 않기를 간절히 기도해본다.

계약을 중도에 파기하기

평소 스킨케어 및 체형관리 비롯하여 두피 관리를 받는 병원이 있다. 예전에는 그냥 젊음만으로도 '머릿결이 좋다, 머리숱이 많다, 피부가 좋다' 이런 말을 아예 귀에 딱지가 앉도록 많이 들었는데 시간의 흐름은 여지없이 나를 강타했고 그러다 보니 가장 많이 신경이 쓰이는 부분이 머리숱이다. 이것저것 신경을 쓰다 보니 그 많던 머리숱은 어디론가 사라지고 이제 모발이식을 해야 하나 고민을 하게 되었고 그 언젠가는 가발을 몇 개 사서 모임이 있을 때는 쓰고 다니곤 했다. 그나마 최근 개척한 미용실에서 나름 머리를 잘 만져주어서 어떻게 버티고는 있지만 앞으로 어떻게 할지 조금 걱정이 되기도 한다.

사실이 병원은 예전에 요로결석으로 고통을 받고 있을 때 택시기사 한 분이 너무나 유명한 곳으로 추천해줘서 다녀봤는데 비뇨기과는 물론 피부과까지 확장해서 친절하게 진료를 잘 해줘서 현재까지 다니고 있다. 마치 골프를 치는 사람들이 회원제로 등록하고 골프를 치듯이 나도 필요한 부위별로 등록해서 회원제로 관리를 받고 있는데 오늘은 문득 전화를 걸어 예전에 등록한 두피 관리 비용을 정산하고 싶어졌다. 사실 두피 관리 11회 100만 원을 줬던 거로 기억하는데 2번인지 3번 받다가 너무 롤링이 아프기도 하고 첫 회를 제외하고는 정성이 들어가지 않는 듯한 실망감에 중도에 관두고 말았다. 다녀오면 기분 좋다기보다는 머리가 거의 폭발할 정도의 고통이 수반했으며 머리카락이 자란다는 느낌이 전혀 들지 않아 별 만족도가 없었다. 치료를 받다 보면 치료하는 30대 관리사분의 푸념 아닌 푸념이 또 한몫한 지도 모른다. 자신이 전세 사는 집을 예전에 사려고 했는데 남편이 반대해서 사지 않았더니 4억 하던 전셋집은 이제 8억이 넘고 매가는 거의 12억에 달해 이렇게 일을 해도 전혀 힘이 나지 않는다는 것이었다. 진작 친정아버지 말씀을 듣고 집을 사야 했는데 너무 후회된다는 말씀을 입버릇처럼 계속하셨다. 넋두리야 충분히 나이든 입장에서 들어줄 수는 있었지만 그렇다고 자신의 개인 사정으로 인해 자기가 몸담은 직장에서 최선을 다하지 않는 다소 아마추어 같은 심리에는 적잖이 실망해서 그 이후로 아예 그 병원에 다니지 않았다.

시간이 흘렀나 보다. 그냥 잊고 있었던 내 머릿속에 두피 관리 받던 기억이 되살아났고 전화를 걸어 현재 기존에 등록했던 프로그램을 중단하면 얼마나 환급되는지 문의를 드렸다. 너무나 기가 차게 당시에 듣지도 보지도 못한 롤링비를 포함해서 거의 절반 가까운 돈을 삭감한 채 돌려주며 피부스킨캐어로 전환할시 엄청난 추가비용이 발생했다. 그래도 10년 가까이 다닌 병원인데 그리고 내가 이 병원에 피부관리며 지방관리 등 등록한 비용이 얼마인데 조금 야속한 생각이 들었다. 그래서, 예전에 치료를 받기 전 등록할 때 롤링비에 관한 비용은 듣지 못했는데 하루 이틀 다닌 것도 아닌데 너무 서운하다는 식의 발언을 하며 그래도 쌓은 정을 참작해서 돌려주는 비용을 조금 후하게 책정해주도록 거래를 시도했다. 잠시 전화를 끊고 원장 선생님이랑 상담한 후 그 상담관리사분은 기존에 받던 피부관리 프로그램보다 한 단계 업그레이드된 버전인데 서비스 횟수를 포함해서 조정된 가격으로 나름 잘해주는 거로 일단락 지었다.

여름이 다가오니 이제 서서히 노출이 다가오고 있고 코로나가 지나면서 얼굴을 드러내야 하는 시점에 신경이 쓰이는 것도 사실이다. 또 나름으로 대중 앞에서 이제 대면으로 만나야 할 일들이 더 많아지기에 은근 더 체형을 비롯한 얼굴에 신경이 쓰이는 것도 사실이다. 곧 다이어트 작전에 돌입해야 하는데 과연 이 많은 모임을 뒤로 한 채 꿋꿋하게 다이어트를 할 수 있을지도 걱정스럽다. 굳이 외적인 모습이 아니더라도 건강을 위해 꾸준히 운동하고 다이어트하는 것은 필요한 듯싶다.

분명 자기네는 시술을 들어가기 전 중간에 관둘 때 이에 대한 위약금 설명을 했다고 하고 난 워낙 그쪽에서 친한 사이로 진료를 받았기에 그러한 설명이 굳이 필요치 않았는지 듣지 못했다고 난항을 겪는 도중에 그래도 이쯤이면 중도의 미를 발휘하여 서로 반반씩 양보하는 거로 일단락 지으면서 많은 생각이 들었다. 보통 이러한 진료의 경우 별다른 문구와 이를 명문화된 문서가 없으므로 이런 문제가 발생한다는 생각이 들었고 그런데도 서로 믿음을 주는 사이에 굳이 뭣 하러 복잡한 절차를 거치느냐는 그런 생각이 들었다.

상담관리사분께 굳이 내가 누구인지 그리고 얼마나 기억력이 좋은지 구체적으로 얘기를 하면서 조목조목 이야기를 나눴는데 지나고 나니 그냥 그러려니 하고 말 것을 왜 그랬을까 하는 생각도 들었다. 그런데, 설령 내가 누군가에게 선한 마음으로 술값을 내거나 밥값을 내는 것은 당연지사 내가 마음먹고 해서 전혀 문제가 아닌데 이번 건처럼 전혀 준비되지 않은 상황에서 훅을 날리며 기존에 진행된 프로그램을 관둔다고 해서 약간은 눈퉁이 맞는 듯한 느낌은 그다지 반갑지만은 않아서 나도 모르게 약간은 전투적 기질이 발생하는 것 같다. 마치 정의를 위해 싸우는 투사처럼 내 개인적인 일이지만 조목조목 논리성을 따지며 얘기를 하는 것을 보면서 아직 나이가 좀 더 들면 이러한 심리도 줄어들지 않을까 그런 생각도 들었다.

아무튼 처음에는 환급을 생각했다가 구관이 명관이라고 그래도 나름 관리를 상당 기간 받아왔기에 다시 한번 믿고 이분들에게 나를 맡기기로 했다. 다시 날씬해져서 예전의 몸으로 돌아가고 싶다. 모임을 이제 27일 수요일을 기점으로 될 수 있는 대로 줄이고 다시 건강해지기 프로젝트에 돌입해야겠다.

아파트 탁구대가 있다고 하는데 시간 내서 도전해봐야겠다. 벌써 무더위가 기승을 부리는데 보다 단단한 몸으로 자신 있게 여름에 도전하고 싶다.

V.

긍정의 마인드-
회복탄력성

몇 십 년 만의 청계천을 비롯한 북촌 서울 나들이

다들 마찬가지겠지만 정작 서울에 살면서도 서울 나들이를 마음먹고 하는 경우는 드물다. 시간이 되면 골프를 하러 필드를 찾거나 코로나 이전에는 해외 나들이에 더 많은 시간을 쏟은 게 사실인 듯싶다. 정말 뜻하지 않은 우연한 기회에 서울 나들이를 하게 되었다.

이른 새벽이라고 해야 할지 아침이라고 해야 할지 서둘러 지하철에 몸을 실었다. 자가용 여행도 물론 의미가 있고 편함이 있어 좋긴 하지만 그래도 여행이라고 하면 자고로 걸어 다니면서 보는 여행이 더 큰 의미가 있다고 생각하기에 지하철에 몸을 실었다. 4월 말이 주는 절기의 상큼함이 유난히 코끝에 진하게 다가오며 진정한 봄임을 여실히 깨닫게 해주었다. 상권분석이나 지리적 분석만 도면을 통해서 했을 뿐 이 청계천을 구경삼아 온 것은 꽤 오랜만인 듯한 생각이 든다. 아마 바쁘다는 핑계로 나 자신한테 그렇게 큰 삶의 여유는 주지 못했나 보다. 예전에 찾았던 평화시장은 이름만 존재할 뿐 그렇게 화려한 모습은 아닌 듯싶었다. 몇십 년 만에 직접 거리를 거닐다 보니 과거의 아련한 추억이 되살아났다. 엄마와 함께 동대문이며 남대문, 평화시장을 손잡고 다니며 쇼핑을 하곤 했는데 이제는 과거의 빛바랜 추억이 되고 말았다.

우선 허기진 배를 채우기 위해 인스타나 인터넷에 소개된 미쉐린이 선정한 맛집을 찾아 육회로 유명한 식당을 찾아갔다. 좋은 점은 주문하자마자 1분도 지나지 않아 육회비빔밥과 육회가 나왔다. 사실 낙지가 들어간 음식을 주문하고도 싶었지만 아무래도 낙지는 낙지전문점이 좋겠다는 생각에 육회만 주문했는데 깔끔한 비주얼은 볼만했지만 그렇다고 미쉐린이 추천할만한 정도의 맛집인지는 솔직히 약간의 의문이 들기도 했다. 하지만, 탕국은 오랜 시간 끓였는지 진한 육수의 맛이 우러나고 무의 시원한 맛이 가미되어 1그릇을 마파람에 게 눈 감추듯 먹어 치운 뒤 2그릇째 부탁을 하며 먹고 있음을 알게 되었다. 전날 숙취가 한순간에 해소되는 느낌이었다. 육회비빔밥은 사실 밥이 너무 질퍽해서 그런지 그렇게 맛있다는 생각은 들지 않았다. 게다가 참기름에 길든 나로서는 너무나 담백한 맛에 뭔가 허전하고 아쉽다는 생각도 들었다. 김치 역시 어디서 사 온 듯한 맛에 약간의 아쉬움이 들었다. 나는 사실 김치에 온갖 해산물을 넣어서 시원한 맛과 엄청난 양념에 비주얼부터 남다르게 만드는데 그래서 깊은 맛과 감칠맛을 주된 화신으로 삼은 데 비해 너무나 단순한 맛이 아쉬움으로 다가왔다.

육회에 대해 허전함을 달래기 위해 광장시장을 찾게 되었다. 여기도 20년 전 친한 동생들이 형 서민 체험하게 해준다며 장난치며 늦은 밤 나를 납치하다시피 데리고 온 곳이다. 당시엔 비릿한 냄새와 온갖 연기와 냄새로 가득한 이곳에서 난 사실 한 점의 전도 한 잔의 막걸리도 먹지 못한 채 약간은 역한 느낌으로 돌아왔던 기억이 난다. 전을 즉석에서 부쳐주는 것이 아니라 늦은 밤이어서 그런지 몇 번을 재탕하여 기름이 둥둥 떠다니는듯한 너무 기름진 전은 내 입맛을 충족시키기에는 역부족이었고 차마 입에 넣어 맛있다고 삼킬 수 없었다. 돌이켜보니 너무 까탈스러웠던 당시 나의 성격 때문이 아닌가 그런 생각이 든다. 나이와 더불어 약간은 모난 나의 성격이 둥글둥글 세상살이와 맞물려 돌아가는 듯한 느낌이 드는데 이 역시 나이가 주는 편안한 인생의 선물이라고 생각한다.

현대화된 시장은 정말 두 눈을 휘둥그레 만들었다. 사방천지에 맛집이 즐비해 있고 특히 고기 전과 빈대떡은 거의 예술에 가까웠다. 그렇지만 시장에서 음식을 먹는 데 익숙지 않은 나로서는 주문부터 시작해서 뭘 어떻게 먹어야 할지 조금 막막했다. 어디서 주문을 해야 하고 어디에 앉아야 할지 막막하던 순간, 호객행위를 하시는 중년의 여성분에게 이끌려 자리를 잡게 되었다. 말투로 보아서는 한국분이 아닌 연변분이라는 생각이 들었다, 우리가 흔히 들 애기하는 조선족인 느낌이 들었는데, 뭘 주문할지 몰라 망설이고 있으니까 빈대떡이랑 고기 전을 주문하라며 어설픈 한국말로 말을 건네왔다. 배가 불러서 도저히 먹을 수는 없었지만 엄청난 비주얼에 매료되어 결국 그 주인아주머니가 시키는 대로 주문을 했다. 사실 직원분인지 주인분인지 모를 약간은 동업 형태의 느낌이 나는 3분의 아주머니가 전을 부치는 것으로부터 시작해서 일사불란하게 움직이고 계셨다. 큼직한 대형 철판에 가득가득 흘러 넘치기 일보 직전의 기름에 녹두 반죽과 고기를 넣고 지글지글 지지는데 조금 역한 느낌이 드는 것은 이미 허기를 채운 배가 자연스레 보내는 신호였는지도 모른다. 5분의 시간이 지나자 기존에 이미 부친 전을 다시 한번 기름이 철철 넘치는 철판에 구워 엄청난 비주얼을 자랑하는 빈대떡과 고기 전이 나왔다. 너무나 느끼해서 손을 댈 수 있을까 싶었는데 반찬으로 나온 양파 간장 절임이 느끼한 맛을 잡아 주었다. 그러던 사이, 아이 손을 붙잡고 손님 한 분이 오셨다.

"저희 떡볶이 1인분만 주세요!"

"오늘 주말 장사라 바빠서 떡볶이 1인분은 팔지 않습니다. 먹고 싶으면 빈대떡이랑 같이 주문하세요!"

그러자 그 손님은 손에 가득 담긴 빈대떡을 보이면서,

"우리 이미 빈대떡은 사 와서 주문할 수가 없고 그냥 떡볶이만 먹고 싶은데 안될까요?"

들은 척만 척 귀찮은 듯 그 주인아주머니는,

"그러면 자리를 비켜주셔야겠습니다. 우린 떡볶이만은 팔지 않습니다."

약간은 살벌한 분위기에서 옆에 앉은 친구가 너무나 기름진 빈대떡이 부담스럽다며 그렇다고 떡볶이 1인분은 도저히 먹을 수 없다며,

"저희 떡볶이 국물 한 국자만 줄 수 있을까요?"

난 기대도 하지 않았지만 절대로 안 된다는 주인장의 말에 다시 한번 놀라며 이분들이 만약 한국분이셨어도 그랬을까? 라는 생각과 더불어 많은 생각이 뇌리를 순간 스쳐 갔다. 이렇게 불친절한 저분들은 분명 한국분들이 아니신데 의외로 돌아다니다 보니 중국 국적의 연변분들이 이 광장시장을 이제는 거의 차지한 듯한 느낌이 들었다. 외국에서 자리를 잡은 한인들을 바라보면서 아마 그 현지 그 나라의 국적을 가진 분들도 지금 내가 생각하는 이러한 느낌이 들었을지도 모른다는 생각이 들었다. 그런데 따지고 보면 친절하든 불친절하든 이를 떠나 뭔가 사로잡는 맛의 비법이 있었고 자기네들 나름대로 열심히 생활했기에 지금에 이르렀다고 생각하기에 이제는 여기에 대해서는 언급과 생각을 회피하기로 했다. 다만 조금만 더 친절했으면 하는 개인적인 생각이 들었을 뿐이었다. 그리고 단 하나의 일면만으로 그 나라 민족에 대해 섣부른 편견을 가지며 평가를 하는 것도 옳지 않다는 생각이 들며 이내 숙연한 반성의 마음으로 돌아갔다.

그러면서 순간 최근 경기도에서 논쟁거리가 된 김은혜가 한 발언이 생각난다. 국가 간 상호호혜의 원칙으로 선거와 관련된 투표

권이 주어져야 하는데 우리는 중국 선거에 투표할 수 없음에도 한국에 상주하는 중국인들에 대해서는 지나칠 정도로 관용을 베풀어 지방선거를 비롯한 투표권을 부여하는 데 반해 오히려 자국민인 한국인들에 대해서는 그렇게 가혹할 정도로 엄격한 잣대를 들이댄 것이 아닌가 하는 여론이 들끓었다. 아파트담보대출이 우리나라 국민에게는 제한적이었음에도 외국인에게는 거의 90% 가까운 대출을 해주어서 사회적 물의를 일으켰다. 이런저런 생각이 순간 뇌리를 스쳤지만 이내 시장 내에 즐비한 형형 색깔의 조화를 이룬 보리 비빔밥과 아직은 부담스럽지 않은 가격에 놀라며 시장 구경하는 것을 마감하며 행복과 감사의 마음으로 금은방으로 향했다.

종로 3가는 단성사 주변을 기반으로 온갖 보석상이 즐비하며 많은 인파 틈바구니에서 화려한 금빛을 자랑한다. 어딜 가나 다소 화려한 나의 옷차림과 외모에 일제 시선이 나한테 쏠렸고 모두 내가 들어와 보석을 사주기를 희망하는 눈치였다. 이곳은 사실 작년과 올해 자주 찾았던 곳으로 순금 품질이 보장되어 있고 가격 역시 다른 곳에 비해 나름 저렴해서 매력이 넘치는 곳이다. 디자인도 다양할뿐더러 최신 트렌드를 반영하고 있어서 백화점 못지않게 젊은 커플 사이에서도 인기 만점인 핫플이다. 돈만 있으면 당장이라도 들어가서 노란 금을 모조리 사고 싶은 충동이 일었다. 나는 사실 순금이 좋다. 금이 나와 맞기도 한 것 같고 예전에 금값이 폭등하기 전 오랫동안 간직한 골드바를 비롯하여 모조리 처분한 아픈 기억이 있어서 더더욱 금에 집착하는지도 모른다. 심지어 교수님께서 박사학위 취득 후 선물로 주신 황금열쇠마저 모조리 갖다 팔았으니 그 송구함은 이루 말로 표현할 길 없다. 별다른 이유도 없다. 그냥 금이 너무 싫어서 다 처분하고 싶은 일종의 돌기가 발생하여 처분했는데 금값은 그 뒤로 고공행진 하여 몇 배나 올랐는지 모른다. 그래서 이제부터는 금을 모으기로 한 것이다.

종로 3가의 금은방을 뒤로 한 채 내가 교수로 재직 중인 숭실사이버대학교가 있는 익선동을 찾았다. 강의 동영상 촬영이 대부분 이곳에서 이루어지기에 익선동은 나에게 낯익은 동네이다. 한옥이 즐비한 이곳이 젊은이들은 물론 외국인들의 핫플이 된 지 오래이며 내가 사야지 했던 한옥들도 이제는 상가로 개조되어 손님 맞을 채비를 하고 있었다. 한식부터 퓨전 음식에 이르기까지 다양한 음식은 물론 갖가지의 맛난 디저트, 여성용 액세서리, 고풍스러운 한복에 이르기까지 이곳은 아기자기한 품목들로 이미 젊은 청춘들의 아지트이자 성지인 메카가 되어버렸다. 예전에 일본 여행 가서 아기자기한 것을 만끽한 현재 40대나 50대처럼 현재 20대 청춘들은 이곳에서 그들만의 추억을 쌓아가고 있었다. 인스타에 올리기 위한 갖가지 사진을 끊임없이 찍기도 하며 1시간은 물론 2시간 대기시간이 있음에도 이들은 오로지 맛집에 대한 열정과 나름 좋은 사진을 남기기 위한 기대감에 그 긴 줄을 싫다 하지 않고 기다리고 있는 것이었다. 이른 아침부터 배를 채운 탓에 더 이상의 음식은 사치인 듯싶어 이를 뒤로 한 채 창경궁으로 향했다.

단돈 4천 원이면 궁 전체를 다 관람할 수 있어서 너무나 매력적인 관광지라는 생각이 들었다. 1484년부터 시작하여 현재에 이르기까지 많은 역사적 아픔과 회한을 가진 창경궁은 엄청난 규모는 물론 안에 즐비한 화려한 꽃들과 싱그러움이 가득한 수목들로 연일 많은 인파의 관광객을 불러일으키는 모양이다. 현대식 개량 한복을 입은 남녀커플부터 나이가 지긋한 중년의 여성 동창 모임, 그리고 가족 단위의 주말 상춘객으로 창경궁은 북적거렸다. 아름다운 풍광에 취해 무엇보다 조선 시대의 역사를 간직한 이곳에서 과거의 발자취를 되찾아보기 위해 열심히 한곳 한곳 다니면서 예전의 숨결을 느끼고자 노력했다. 갑자기 드는 생각이 인걸은 간데없지만, 자연은 유유자적 그대로임을 알게 되었고 고즈넉한 자태로 내려다본 듯한 백송의 품격과 인자로움이 내 가슴속에 파고드는 듯한 진한 여운이 내 몸을 감싸고 있는 게 아닌지 그런 착각이 들었다. 이름 모를 온갖 꽃들 틈바구니로 어린아이들의 밝은 웃음이 새어 나오고 간혹 역사해설가로부터 창경궁과 관련된 역사해설을 경청하는 그들의 진지함 속에 우리나라의 밝은 미래가 엿보이기도 했다. 나도 급 호기심이 생겨 잠깐 경청하는데 어찌나 설명이 찰지고 매력적인지 귀에 쏙쏙 들어왔다.

개량 한복을 입고 춤추며 동영상을 촬영하는 중국인의 모습도 보였는데 예전 같으면 너무 멋지고 좋다는 생각을 했을 텐데 최근 한복과 관련한 그들의 역사 왜곡을 생각하며 이건 또 무슨 시추에이션이지라는 섣부른 오해와 성급함이 나의 머리를 순간 스쳐 가서 씁쓸한 느낌이 들기도 했다. 그래서 참 선입견은 무서운 것이라는 생각도 들었다.

창경궁을 나와 이제 조선 시대 사대부들이 기거한 북촌을 가보기로 했다. 지하철을 타기엔 거리가 있어서 난생처음 서울 따르릉에 도전해 보기로 했다. 필요한 앱을 깔고 1천 원을 결재하니 서울의 넓은 세상이 한걸음에 나에게 달려왔다. 이 얼마 만에 즐기는 자전거 여행인지 너무나 감회가 새로웠다. 안장이 높은 자전거는 다소 부담스러워서 낮은 안장의 아동용 자전거에 발을 올리고 안국동 북촌을 향해 힘껏 페달을 밟았다. 4킬로 남짓한 거리가 멀지는 않았지만, 보행자와 자전거가 함께 공존하여 그 틈바구니를 헤쳐가야 했기에 쉽지는 않았다. 그리고 4월치고는 다소 무더운 날씨에 심지어 얼마 동안 페달을 밟지 않았는데도 어느새 땀이 온몸에 흥건히 젖는 기분이었다. 얼마나 달렸을까? 드디어 안국동이 보이기 시작했다. 자전거 얼마 타지도 않았는데 갑자기 허기진 마음에 자전거를 잠시 세워두고 맛집으로 소문난 꽈배기 집에 들렀다. 요즘 장안에 드라마 사랑의 꽈배기가 인기가 있어 그런지는 몰라도 나도 모르게 꽈배기 가게에 들러 꽈배기는 물론 갓 만든 따끈한 핫도그에 내 입을 내어주고 있었다. 단팥이 들어간 빵 역시 그렇게 정겨울 수가 없었다. 나 뒤에 온 아저씨도 남은 꽈배기를 다 휩쓸어갈 정도로 이 집은 인기 맛집이었다. 게다가 더위에 지친 나를 위해 기꺼이 차가운 물도 흔쾌히 내어주는 인심 좋은 주인아주머니에 반해 이런저런 말도 건네게 되었다. 코로나 이전에는 정말 장사가 잘되었는데 최근 코로나로 어려움을 겪다가 최근 다시 관광객이 늘어나면서 장사가 잘되어 오늘도 일찍 재료가 소진되어 집에 일찍 가야 한다며 연신 미소가 끊이지를 않았다. 제발 빨리 일상으로의 복귀가 정상화되었으면 하는 생각이 들었다.

북촌은 정말 사대부들이 살았다는 것이 실감이 날 정도로 고풍스러운 자태는 물론 고급스러운 기와며 엄청나게 번듯하고 규모가 커서 그 시대의 위용을 한 번에 느끼기에 부족함이 없었다. 정갈하고 단정한 사대부의 살림살이를 대충이나마 짐작할 수 있었고 지금은 거의 현대식 가게들이 즐비하긴 했지만 그래도 과거의 화려했던 명성을 어느 정도는 가지고 있다는 생각이 들었다. 참 공기가 좋고 위치 좋은 곳이라는 생각에 나도 이곳에 터를 잡고 살고 싶다는 생각이 들었다. 무엇보다 설화수와 오설록이 크게 가게를 내어 현대식과 과거 한옥의 품격에 조화를 맞춰 행인을 끄는 모습이 이색적이었다. 가끔 인력거에 몸을 싣고 관광을 즐기는 커플이나 가족 단위의 관광객도 눈을 끌었고 한복 대여 가게에서 개량 한복을 입고 멋들어지게 청춘을 즐기는 커플들도 나에게는 부러움의 대상이 되었다.

이곳저곳 정말 과거의 숨결을 어느 정도 간직하면서 현대인의 구미에 맞게 아기자기하게 상가 구색을 잘했다는 생각이 들었고 이러한 매력으로 인해 국내외 관광객이 끊이지 않는구나 그런 생각이 들었다. 어제 지인에게 이곳을 물어봤더니 사실 아는 사람이 별로 없었고 이곳을 다녀간 적도 없는 것을 보면 아직 홍보가 덜 되었구나! 그런 생각이 들었다. 자녀가 있는 경우라면 그저 함께 이곳을 거니는 것만으로도 좋겠다는 생각이 들었고 주차도 다행히 도로 한 길가에 편하게 할 수 있어서 가족 단위의 여행도 충분히 가능하리라는 생각이 들었다. 이 일대를 한 바퀴 돌면 굳이 역사적인 설명을 하지 않아도 편안하게 과거로의 여행이 될 것 같다는 생각이 들었다.

무엇보다 한옥을 구경하면서 다니다가 갑자기 어디선가 나는 은은하면서도 취할 듯한 향기에 빠져 찾아가다 보니 향수 가게가 펼쳐졌다. 담벼락에 걸어둔 허브 향기는 비단 나뿐 아니라 모든 관광객을 사로잡기에 충분했다. 나도 모르게 안에 들어가 다양한 향취를 음미하게 되었고 저절로 주머니를 열어 향수와 방향제를 구매하게 되었다. 얼마 전 잠실 롯데백화점에서 잠깐 문의한 거의 100만 원에 가까운 향수에 비하면 너무나도 저렴한 가격이 마음에 들었고 차근차근 설명해 주는 여사장님의 말솜씨에 또 한 번 매력을 느끼며 몇 개를 구매하게 되었다. 온몸에 휘감기는 냄새가 그렇게 자극적이지 않으면서도 은은한 향취를 뿜어내어 개인적으로도 만족스러운 소비였다고 생각한다.

저녁이 되어 근처 식당에서 돈가스로 마지막 마무리를 하면서 많은 생각이 들었다. 내가 지금까지 외국에 대한 동경과 또한 그리움으로 국내보다는 해외여행을 더 많이 즐긴 것도 사실이다. 하지만 코로나로 인해 외국 여행은 이제 아예 기대감을 저버린 지 오래되었고 그러다 보니 한국에 대한 재발견으로 한국을 더더욱 사랑하게 되었다. 내가 사실 말로만 들었을 때는 북촌에 대한 기대감은 전혀 없었지만 직접 발품을 팔면서 하나하나 살펴본 북촌을 비롯한 서울은 그렇게 매력적일 수가 없었다. 그리고 여행을 갈 때는 개인차량으로 하는 것도 편안함이 있어 좋을지는 모르지만, 다리품을 팔면서 하나하나 돌아다니며 보는 것이 훨씬 더 매력적이다는 생각이 들었다. 또다시 나에게 이런 호사를 즐길 시간적 여유가 올지 모르지만 좀 더 마음의 여유를 갖고 긍정적인 마음으로 나의 중년의 삶을 즐겨야겠다는 생각이 든다.

늦은 밤, 돌아오는 발걸음이 여독에 지쳐 힘들었지만, 나의 마음은 그 어느 순간보다 가볍고 하늘을 날 듯 행복한 것은 소소한 일상에서 느끼는 작은 기쁨이 훨씬 더 크고 매력적이었음을 이 글을 쓰는 순간 난 다시 깨닫게 된다. 살아있음에 감사드리고 하루하루의 작은 일에 의미를 부여할 수 있음에 난 또다시 감사를 드린다.

청계천을 거닐면서 놀란 사실 한 가지는 너무나 큰 잉어들이 즐겁게 춤을 추고 있다는 것이다. 사실 춤을 추는 것은 아니지만 한적한 주말을 즐기고 있는 내 마음이 덩실덩실 춤을 추기에 그렇게 느꼈는지도 모른다. 큼직한 놈들이 떼를 지어 물속에서 먹잇감을 찾는지 연신 바쁘게 움직이고 있다. 갑자기 방송 본능이 되살아나 나도 모르게 동영상을 촬영하고 있었다. 그렇게 많은 사람은 없었지만, 간혹 주말 나들이를 온 가족 단위며 연인 단위의 나그네들이 연신 핸드폰 촬영을 하며 행복해하고 있었다. 그렇게 청계천을 따라 거닐며 다시 도로에 나와 예전 청계천을 거닐던 추억을 곱씹어 보았다. 아직 철강이나 금속 관련 업체들이 즐비하였고 한창 개발붐이 진행되어 재작년에 제자들이 구매한 힐스테이세운센트럴이 한층 한 층 위용을 드러내고 있었다. 내년 입주를 목표로 부지런히 공사가 진행 중이었는데 사실 이렇게 홍에 겨운 이유도 내가 추천한 이곳이 최근 일반분양에서 엄청난 경쟁률로 완판에 성공해서 현재 공사 현장을 이 친구들에게 보여주기 위한 마음이 컸기 때문이다. 이 친구들은 또 내년 입주 기대감에 얼마나 행복해할지 벌써 내 마음이 행복해지기 시작했다. 그냥 내리사랑인가 그런 느낌이 든다.

예전에 전성기를 이룬 단성사는 어디론가 사라지고 그곳엔 귀금속 상가들이 즐비하게 자리를 잡고 있었다.

싱글라이프가 좋다는 택시기사 아저씨!

일하다 보면 스케줄 맞추기가 힘들어 장거리를 제외하고는 될 수 있는 대로 택시를 타고 이동을 하게 된다. 아무래도 택시 기사님들은 시내의 도로상황을 가장 정확하게 잘 알고 계셔서 택시를 타게 되는데 어느 순간부터는 택시를 타서 시간을 단축할 수 있다는 장점 이외에도 이분들이 살아오신 개인적인 이야기들을 들으면서 삶에 대해 다시 한번 돌이켜보게 된다.

연세가 57세 말띠라고 본인을 소개한 이분은 왠지 모르게 연배보다 젊어 보이는 게 특징이었다. 깔끔하게 차려입은 옷매무새며 화려한 입담이 예사롭지 않았다. 서울 개인택시를 사기 위해 작년 1년 쉬었다는 말씀, 그리고 1억 5백에 그래도 10년 무사고에 이 차량을 구매하여 개인택시를 할 수 있음에 너무나 큰 감사를 드린다고 했다. 최근 코로나가 어느 정도 자리잡히면서 때아닌 심야 택시의 부재로 택시 난이 일어나자 이분께서도 밤에 택시 운전을 시도해봤지만, 이튿날 정작 당신의 본 영업에 너무나 큰 피해를 초래하게 되어 더 하지 않기로 했다면서 지금까지의 삶에 대한 이야기보따리를 풀어놓으셨다.

젊은 시절, 이분은 영어를 전혀 하지 못함에도 이화여대와 숙명여대, 상명여대 등을 비롯하여 전국 각지를 돌며 영어잡지를 판매하는 일을 하셨다고 했다. 그냥 여대에서만 느낄 수 있는 당시의 캠퍼스 낭만에 젖어 여대생들을 대상으로 영어잡지를 판매하면서 큰 행복을 느꼈다고 한다. 그래서, 일반 직장인에 비하면 몇 배에 해당하는 엄청난 돈을 벌었는데 쉽게 번 돈은 또 술과 여자로 인해 쉽게 사라졌다면서 그래도 젊은 시절의 한 장면을 그리워했다. 이후 방문판매 독서전집을 비롯한 나중에는 백화점에 스키복을 납품하는 영업일을 하셨는데, 돈은 어느 정도 벌었지만, 백화점 관리직에 납품영업을 따내기 위해 하루가 멀다고 접대를 하는데 아예 질려 그 일도 그만뒀다고 했다. 마지막으로 시작한 일이 택시기사 일인데 이 일은 자신의 적성과 너무나 잘 맞았다고 했다. 영업직에서 흔한 비위 맞추는 일을 하지 않아도 되어서 오롯이 당신이 좋아하고 즐기는 일인 운전만 하면 되어서 너무나 행복한 일이었고 그 덕분에 10년간 무사고 경력을 쌓아 현재 개인택시 영업을 할 수 있는 허가를 받게 되어 가장 기쁘다고 하셨다. 젊은 시절 강원도를 좋아해서 하루가 멀다고 강원도 고성 및 강릉과 속초 바다 여행을 즐겼는데 그때에는 바다에 전복도 많아서 손만 넣어서 건지면 전복이라며 다소 과장 아닌 과장을 하시면서 그 시절을 회상하며 그리워하셨다.

지금은 감히 바다에서 전복채취는 상상도 할 수 없을뿐더러 행여 한다고 하더라도 전복 1마리조차 찾기 힘들지 않겠냐며 바다가 많이 오염되고 황폐화되었음을 안타까워하셨다. 젊은 시절 이러한 추억을 함께 한 여인들이 몇 명 있었고 결혼은 아니지만, 동거를 몇 번 했는데 살아보니 너무나 버거워서 자기는 이후 혼자 살기로 했다고 하셨다. 그나마 자식 없이 결혼하지도 않고 동거만을 통해 자신의 자유로운 영혼임을 확인하게 되어 너무나 감사하다고 하시면서 지금까지 한 일 중 동거만 하고 결혼을 하지 않은 일에 또한 감사를 드린다고 했다. 지금은 혼자 사는 게 너무나 행복해서 시간만 나면 개인택시인 자신의 승용차를 타고 여행을 다니기도 하고 또 돈 벌고 싶으면 돈을 벌 수 있어서 너무나 좋다고 했다. 아직 결혼하지 않은 함께 함께 탄 조카도 이 얘기를 듣고는 뭔가를 깊이 깨달았는지 자신도 결혼하지 않겠다며 이러한 살아있는 감동을 주는 말씀을 전해주신 기사님께 감사하다며 팁으로 1만 원을 주는 것이 아닌가?

요즘 들어 젊은 청춘 아니 30대 및 40대 초반까지도 결혼하지 않은 미혼남녀가 많다. 다들 나름의 사정은 있지만 아무래도 천장을 뚫은 고가의 주택비용 및 자녀교육비용 등 모든 변수가 결혼을 방해하고 있음이 분명했다. 이러한 문제점들을 정부가 해결해주지 않는 이상 결혼을 예전처럼 필수적인 요소로 생각하는 방식을 환원하기란 쉽지 않은 듯하다. 이제 결혼은 완전히 선택적인 요소로서 결혼을 통해 완전한 인간의 삶을 이루려는 사고방식은

한 물 건너간 과거의 추억이 되어버렸다.

사실 결혼에 대해 나 자신도 행복했냐고 묻는다면 자신 있게 그렇다고 말을 할 수 없기에 제자나 후배들에게도 조심스럽게 결혼에 대해 다시 한번 생각해보라고 권유를 한다. 정말 자신이 자신은 물론 그 누군가인 상대에게 책임을 질 수 있을 때 결혼은 가능한 것이며 그렇게 했을 때 흔히들 얘기하는 돌싱이 되지 않는다고 생각한다. 가끔 어르신들은 뭔가를 전혀 해줄 수 없음에도 손주 욕심에 아직 준비가 덜 된 자녀에게 결혼을 강요하기도 하는데 이제 이러한 강요마저도 힘든 시대적 분위기가 되어버렸다.

늘 밝은 미용실 원장님

내가 자주 이용하는 미용실은 화려하고 겉만 번지르르한 그러한 곳이 아니다. 미용실 이름도 '머리 못하는 집'이다. 물론 이전에는 나름 유명한 샵에서 머리를 했는데 예약도 어렵고 솔직히 스케줄 맞추는 것도 쉽지는 않아서 언제부터인가는 그냥 내가 기분 내킬 때 예약없이 할 수 있는 그러한 곳을 선호하게 되었다. 얼핏 생각하면 머리를 진짜 못하는 그러한 미용실로 생각하기 쉬운데 사실은 너무나 바빠서 줄 서서 기다리지 않으면 머리를 못한다는 그런 뜻이라고 한다. 벌써 3년이 되어가도록 단골이 되어 원장님께 머리를 맡기는데 이분은 사실 40대 중반에 자녀를 다 키우고 미용기술을 익혀 미용하게 되었다고 한다. 다행히 손재주가 있어서 금방금방 파마기술과 커트 기술을 익혔는데 내가 유독 이분을 자주 찾는 데에는 당연히 머리를 만지는 손재주도 뛰어나지만, 무엇보다 고객을 대하는 태도 때문이다. 늘 반갑게 웃으며 밝은 톤으로 사람을 대한다. 그러한 점이 큰 장점으로 작용한다. 그래서 한 번 자르고 나면 젊은이든 연세가 드신 어른이든 모두 단골이 된다. 특히 연세가 드신 어르신들이 많은데 나이는 거의 50대 중후반이지만 언제나 살갑게 어르신들에게 딸처럼 다가가니 어찌 단골이 되지 않을까?

일도 즐기면서 하시는 타입이다. 커트 손님이라고 절대 소홀히 대하지 않으며 어린아이에 이르기까지 모두 정성을 다해 일하시기에 모두 흡족해서 돌아가신다. 그리고, 무엇보다 서민들의 주머니 사정을 고려하여 비싼 가격이 아닌 정말 근래에 보기 드문 저렴한 가격에 파마와 염색 등을 하셔서 더더욱 단골이 많은 것 같다. 그리고 미용을 하시면서 각 손님에게 맞도록 이야기를 맞추어 주는 재주도 있다. 그래서, 사람들에게 많이 이 미용실을 소개해 주기도 했다. 가끔 색다른 그곳에서 미용하고 싶어 살짝살짝 청담동에서 머리를 하러 외도 아닌 외도를 한 적도 있지만, 결론은 역시 원장님밖에 없다는 생각이 든다. 아무래도 나를 오랫동안 봐와서 그런지 나한테 적합한 스타일의 머리를 잘 만들어주시기에 지금까지 어디 행사가 있거나 특별한 머리를 필요로 할 때도 어김없이 이곳을 찾게 된다.

다른 미용실에 가면 사실 비싼 미용시술 비용은 둘째 치고 자꾸 비싼 시술을 권해서 부담스럽다. 내가 원래 간 목적은 단순히 머리 커트인데 비싼 파마를 권하면 안 하기도 그렇고 부담스러워서 얼른 하고 나오고 싶은 심정이다. 게다가 탈모가 심하기에 탈모 치료 코스를 권하는데 그 비용도 최소 100만 원이 넘어서 부담스러운데 여기엔 그런 부담 없이 오롯이 내가 하고 싶은 것만 하면 된다. 물론 비싼 시술을 권해도 내가 알아서 판단하고 하지 않으면 그만이지만 그래도 이런저런 이야기를 듣다 보면 나름 팔

랑귀여서 하게 되고 집에 와서 후회하는 타입이라 처음부터 그런 일에 엮이지 않는 게 가장 좋을 듯싶다.

며칠 전 친한 동생 현근이가 생일 잔칫상을 차려 준다며 이를 계기로 자연스레 한 번 모임을 제안해서 오늘 역시 미용실을 찾았는데,

"아니, 오실 때가 되었는데 왜 안 오시나 했어요! 어서 오세요! 머리부터 감고 할게요!"

특유의 밝은 톤으로 인사하고 마치 오랜 기간 알아 온 옛친구처럼 정답게 대해주시는 원장님이 참 반갑게 느껴진다. 아침 10시부터 저녁 10시까지 적잖은 시간을 서서 일하는 일이라 힘들 법도 한데 원장님은 이렇게 고객들과 만나서 이야기하고 뭔가를 새롭게 만들어 행복하게 해주는 일이 세상에서 가장 즐겁다고 하신다. 하시는 일에 보람을 얻고 만족을 찾으니 당연히 이러한 서비스를 받는 고객들도 행복할 수밖에 없다.

행복은 그런 것 같다. 자신이 하는 일에 만족을 찾으며 그리고 얼굴 찌푸리고 일한다고 달라지는 게 없으니 될 수 있는 대로 행복회로를 돌리면서 즐겁게 하는 것이다. 이 원장님이라고 왜 온종일 서서 고객들 상대하시는 게 힘들지 않겠냐마는 그래도 당신이

하시는 일에 만족하고 연세 드신 어르신들을 부모님처럼 대하면 어려울 게 없다는 말씀에 난 다시금 삶의 지혜를 배우게 된다. 막내라 30대 중반에 부모님을 여읜 나로서는 비록 요양원에서 병간호를 받긴 하지만 그래도 아직 양친이 생존하셔서 부모님을 뵐 수 있다는 원장님이 너무나 부럽게 느껴지기도 하며 이러한 사소한 개인 이야기를 할 정도로 친근해짐에 감사를 드린다. 최근에는 아직 장가가지 않은 아들이 갑자기 엄마인 자기한테 돈을 쓰지 않아 속상한데 그래도 자기 밥벌이하면서 열심히 살아보겠다는 말에 한편으로는 위안을 느낀다고 했다.

"정말 품 안의 자식이지, 잘난 아들은 장모차지이고 못난 아들은 엄마 차지라는 말이 맞는 것 같아요. 이 녀석이 여자가 생긴 것도 아닌데 아예 돈을 저축하겠다는 마인드인지 글쎄 돈 한 푼을 쓰지 않네요! 호호호!"

"그래도 요즘 부모한테 손만 벌리지 않아도 성공한 겁니다. 나름 저축해서 자기 집 장만하려고 그러겠죠!"

나름 위로랍시고 했는데 아무튼, 딸과는 다른 아들의 갑작스러운 구두쇠 작전에 못내 서운해하는 것 같았다. 그래서 다시,

"원장님 능력자인데 신경 쓰지 마세요! 이렇게 돈도 잘 버시는

데 …”

그러면서 몸 건강하고 신체 허락하는 한 계속 이 일을 하고 싶다고 하셨다. 오늘은 한 살이라도 더 어리게 보이려고 스커트까지 입었다면서 젊게 살려고 노력하는 자세가 중요함을 다시 깨닫게 해주었다.

마지막 머리 매무새를 만지고 돌아오는 길에 동생들과 한 끼 식사한다는 즐거움에 나도 기분이 들떴다. 다이어트는 매일 작심 3일이지만 그래도 오늘은 조금 적게 먹어야지 다짐하는데 쉽게 될지 모르겠다. 벌써 마음은 노보텔 엠베세더 서울 강남 더스퀘어에 가 있다. 오랜만에 동생들을 만나 이야기를 할 생각에 벌써부터 기분이 좋아진다. 다들 바쁜 시간을 쪼개어 오기에 더더욱 기대가 되기도 한다. 인생은 정말 이렇게 절친을 만나서 서로 얼굴 보며 이야기하는 것만으로도 너무나 행복하다고 생각한다.

압구정 팥집

팥죽 하면 동짓날 잡귀를 물리치기 위해 우리네 어머님들은 그렇게 기나긴 밤을 아궁이에 불을 지폈나 보다. 세월이 흘러 팥죽은 이제 악귀를 물리치는 퇴치용이 아니라 기나긴 밤 과거를 추억하며 가족들끼리 삼삼오오 먹는 향수의 그리운 맛이 되었다. 압구정동에 팥집이라고 하니 다들 의아하게 생각한다. 내가 보낸 동영상을 보고서 친한 동생은

"요즘도 사람들이 팥죽을 먹나 보다!"

그만큼 팥죽은 현대인들에게는 다소 낯선 아니 어쩌면 너무나 오랜 정성이 들어가야 하기에 감히 엄두조차 못 내는 음식이 되고 말았다. 점심 무렵, 이 한 그릇의 팥죽을 먹기 위해 가게에 들렀다. 팥죽을 비롯한 팥물, 콩국수, 콩물, 단 호박죽, 장칼국수 등 즐비한 음식들이 도심의 그것도 강남의 한복판에서 사람들의 향수 어린 입맛을 자극하고 있다. 으레 연세 드신 분이 많을 거로 생각하겠지만 젊은 층에서 의외로 인기가 높다.

코로나가 이제 거의 끝물이라고 생각했는지 방역 당국도 실외 마스크 사용을 강제화하지 않았지만 그래도 사람들은 아직 두려운지 10명에 9명은 마스크를 착용하고 가게에 들어선다. 그도 그

럴 것이 실내에서는 또 마스크 착용이 의무화되어 주문하기까지는 마스크를 착용해야 하고 이후 주문이 끝난 후 자리에 앉아서 시식할 때에는 또 마스크를 벗고 시식해도 된다고 하니 정말 아이러니한 상황이 아닐 수 없다.

강원도 영월에서 직송해온다는 온갖 농작물은 선뜻 전문가가 아닌 내가 봐도 뭔가 한국의 정취가 곳곳에 묻어 있을 것만 같은 그런 느낌이 들었다. 고소한 냄새가 폴폴 나는 쿠커에 다가가 잠시 그 향기를 맡아보았다. 어린 시절, 어머님께서 유독 땅콩을 많이 볶아 주시곤 했는데 머리를 많이 쓰며 공부하는 학생에게는 땅콩에서 나오는 불포화지방산이 필수적이라며 밤새 정성스레 볶아 주시던 그 손길이 쿠커의 자동으로 돌아가는 바퀴와 사뭇 비교된다. 곧 어린 시절처럼 손이 먼저 갈 것 같아 애써 바바리코트에 손을 훔치고는 코로만 냄새를 음미했다. 추억여행이 따로 없었다.

단호박 죽이 나왔는데 고백하자면 우리 어머님이 끓여주신 호박보다 더 맛이 났다. 뭐를 첨가했는지 알 수 없지만 마치 호박진원액을 몇십 배 또 응축해서 끓인 진한 맛이 우러났다. 색이 마치 내가 끼고 있는 순금 반지 색에 견주어 손색이 없을 만큼 샛노란색 색깔이 더욱 화사하게 느껴졌다. 한 가지 단점이 있다면 양이 너무 적어 소식가들에게는 인기가 있을지언정 보통 사람에게도 부족한 면이 있지 않나 그런 생각이 들었다.

그리고 팥을 끓여서 진하게 우려낸 팥빙수는 아직 5월 봄임에도 불구하고 때 이른 더위로 인해 인기가 있을 정도로 그 맛 또한 훌륭했다. 아직 입으로 들어오는 우유 빙설이 차갑기도 했지만 그래도 달콤함이 가미되어 촉촉이 혓가에 녹아들었다. 팥빙수 위에 올라가는 쫄깃쫄깃한 찰떡은 식감조차 감미롭고 촉촉해서 입안에서 한참을 음미하면서 그 여운을 즐길 수 있었다.

다 먹고 나서 다시 창 너머로 보이는 손님들의 행복한 표정을 읽을 수 있었다. 압구정 한복판의 점심은 그렇게 바쁜 도시인들의 입맛을 유혹하는 팥 집의 정감 어린 식감으로 조용히 마무리되어 가고 있었다. 돌아오는 발걸음이 못내 아쉬워 난 다시금 안으로 들어가 이것저것 주문을 했다. 그리곤 벌써 집에 돌아가서 저녁 먹을 생각에 마음 한켠이 행복함을 느낀다.

우리나라 농심이 지금처럼 그대로 계속 대를 이어 우리 농토에서 나는 농작물에 고스란히 이어지기를 간절히 기도드려 본다. 먹거리마저 외세화된다면 과연 어떻게 될지 벌써 겁이 난다. 작은 인생의 행복에 감사드리며 발길을 돌리며 다시 팥 집 간판을 유심히 보며 내 마음속의 일기를 마친다.

인간관계 해법 살며 사랑하며 2

1판1쇄 2022년 7월 1일

저자 전설
발행인 이경화

발행처 디자인21
주소 04560 서울특별시 중구 퇴계로 293-1 3층
전화 02-2269-6561(대)
팩스 02-2269-6568
e-mail 21publish@naver.com

등록번호 제1-1128호
등록일자 1991.2.12

ISBN 978-89-6131-092-5 03810

정가 13,000원

http://21publish.co.kr/
https://blog.naver.com/publish21